大学生
综合素质培养与发展

吴智勇　向　毅　潘　妮　尹明锂　◎主编

西南大學出版社
国家一级出版社　全国百佳图书出版单位

图书在版编目(CIP)数据

大学生综合素质培养与发展 / 吴智勇等主编.
重庆 : 西南大学出版社, 2024. 8. -- ISBN 978-7-5697-2420-2

Ⅰ. G640

中国国家版本馆CIP数据核字第2024EV7297号

大学生综合素质培养与发展

DAXUESHENG ZONGHE SUZHI PEIYANG YU FAZHAN

主编◎吴智勇　向　毅　潘　妮　尹明锂

策　　划:曾　文　尹清强
责任编辑:翟腾飞
责任校对:钟宇欣
整体设计:魏显锋
排　　版:李　燕
出版发行:西南大学出版社(原西南师范大学出版社)
重庆·北碚　邮编:400715
市场营销部电话:023-68868624
印　　刷:重庆紫石东南印务有限公司
成品尺寸:185mm×260mm
印　　张:13.75
字　　数:277千字
版　　次:2024年8月第1版
印　　次:2024年8月第1次
书　　号:ISBN 978-7-5697-2420-2
定　　价:49.00元

编委会

前言

本书旨在深入学习贯彻习近平总书记关于教育的重要论述，坚持社会主义办学方向，落实立德树人根本任务，以社会主义核心价值观为引领，将大学生的素质培养和自我发展贯穿学习、生活全过程。

大学生培养过程中知识培养是基础，能力培养是关键，素质培养是核心。素质教育是一种以促进人的全面发展、促进人的整体素养提升为目的的教学思想与方法，注重培养受教育者德、智、体、美、劳的全面发展，重视人的思想道德素质、能力培养、个性发展、身体健康和心理健康教育。为更好地加强学生素质教育，促进其自我发展，编委会遵循大学生成长规律和教育规律，以社会需要和学生成长为出发点，坚持以人为本，贴近实际、贴近生活、贴近学生，精心编写了《大学生综合素质培养与发展》。本书共分七个模块（三十个任务），主要内容有：大学生德育、体育、美育、劳动教育、健康教育、安全教育以及校园生活。本书最大的特点在于实用性和可操作性强，将大学生素质培养与日常事务结合起来，帮助大学生树立正确的世界观、人生观、价值观，力求全面提高大学生的思想品质、科学文化水平、劳动技能素质和促进大学生身心健康，提升大学生自身综合能力，使其能够积极应对社会挑战，帮助大学生全面发展、成长成才，以利于高效推进学校素质教育，培养德、智、体、美、劳全面发展的时代新人。

本书采用“模块+任务”的结构模式，内容图文并茂，并辅以视频，希望能拓宽学生的阅读视野，激发学生的学习热情。本书有很多不足和遗漏之处，我们哀心希望广大读者能够提出宝贵意见，共同完善本书。

本书的编写得到了广大老师和同学的大力支持，在此对他们表示衷心的感谢！

编委会

2024年4月

目录

模块一

德 育

学习目标

知识目标

1. 了解祖国的历史、文化和政治等方面的知识，增强爱国意识和民族自豪感。
2. 掌握社会道德、法律法规、校规校纪，加强文明道德修养。

技能目标

1. 认识新时代青年学生面临的挑战和机遇。
2. 能爱党、爱国、爱校，刻苦学习，践行社会主义核心价值观。

情感目标

1. 具有对自我的正确认知和积极向上的心理。
2. 提高青年学生的道德水平，使其形成良好的行为倾向和正确的价值观。

20______年　　　　　　　　　　　　　　　　第______周

日　期	星　期		日程安排
____月____日	一	课内	
		课外	
____月____日	二	课内	
		课外	
____月____日	三	课内	
		课外	
____月____日	四	课内	
		课外	
____月____日	五	课内	
		课外	
____月____日	六	课内	
		课外	
____月____日	日	课内	
		课外	

20______年 第______周

日期	星期	日程安排	
____月____日	一	课内	
		课外	
____月____日	二	课内	
		课外	
____月____日	三	课内	
		课外	
____月____日	四	课内	
		课外	
____月____日	五	课内	
		课外	
____月____日	六	课内	
		课外	
____月____日	日	课内	
		课外	

20______年　　　　　　　　　　　　　　　　第______周

日　期	星　期	日程安排
____月____日	一	课内 课外
____月____日	二	课内 课外
____月____日	三	课内 课外
____月____日	四	课内 课外
____月____日	五	课内 课外
____月____日	六	课内 课外
____月____日	日	课内 课外

20______年　　　　　　　　　　　　　　　　　　　　第______周

日　期	星　期	日程安排
____月____日	一	课内 课外
____月____日	二	课内 课外
____月____日	三	课内 课外
____月____日	四	课内 课外
____月____日	五	课内 课外
____月____日	六	课内 课外
____月____日	日	课内 课外

任务一 爱党爱国

任务描述

爱国主义是中华民族精神的核心。爱国主义教育是大学生思想政治教育的重要内容,事关国家的昌盛富强和民族的生死存亡。新形势下,高校在提高爱国主义教育水平、保证教育质量的同时,还要针对大学生生理、心理特点,在开展形式上多下功夫,拓展大学生爱国主义教育内容,采用生动、活泼、多样化、入情入理的教育方式引导大学生树立正确的理想信念。本任务共分为2个工作表单:

(1)开展讲红色故事活动。

(2)开展爱党爱国知识竞赛。

任务实施

(1)把全班进行分组,每4~5人为一组,自由组合为学习小组,共同商议提出富有创意的学习小组名称,并推选一位组长,建立“学习积分卡”。

(2)各小组进行人员分工,依据自荐或推选的模式选择参与讲红色故事、爱党爱国知识竞赛两项学习任务,要求人人有事做、事事有人担,各学习小组实行组长负责制,各小组成员要团结协作。

(3)各学习小组将完成的任务形成文字、图片、影像等资料,在课堂上展示并交流。

工作表单1

讲红色故事

组名	得分

工作表单2

爱党爱国知识竞赛

组名	得分

学习支持

爱国与爱党、爱社会主义是高度统一的。爱国体现了人们对祖国的深厚感情，反映了个人与祖国的依存关系，是人们对自己故土家园、民族和文化的归属感、认同感、尊严感与荣誉感的统一。它是调节个人与祖国之间关系的道德要求、政治原则和法律规范，也是民族精神的核心。每个人来到这个世界，都要在社会中生存，都要获取生存发展的物质条件，都要寻求慰藉心灵的精神家园，这一切首先得之于祖国。“没有国哪有家，没有家哪有我”——这看似平常的话语，道出了最深刻的爱国理由：国家是小家的寄托，更是个人的寄托；国家是物质利益的寄托，更是精神家园的寄托。失去祖国母亲的保护，个人就是无家可归的流浪儿。爱国是每个人都应当自觉履行的责任和义务。

爱国是公民必须拥有的道德情操，是中华民族最重要的传统。爱国主义是激励我国各族人民自强不息的强大力量。

在历史发展过程中，中华民族表现出了强大的生命力。中华文明一脉相承延续发展。这有着非常深刻的原因，其中毋庸置疑的是，千百年来深深融入民族意识之中的爱国主义精神。

在中华民族的发展史上，爱国主义精神对于维护祖国统一和民族团结起到了十分重要的作用。什么时候团结统一，国家就强盛安宁；什么时候分裂内乱，国家就积贫积弱。千百年来的历史经验，已铭刻在中华儿女的心灵之中。团结统一始终代表了中国社会历史的发展方向，代表了中国各族人民的共同心愿。

爱国是实现中华民族伟大复兴的中国梦的动力。近代以来，无数爱国志士发愤图强，努力探索和寻求民族复兴的道路。在中国共产党的领导下，中国人民以马克思主义为思想武器，经过艰苦卓绝的长期奋斗，实现了民族独立和解放，建立了社会主义新中国，为实现中华民族伟大复兴的中国梦奠定了坚实的基础。新中国成立以来，中国人民的爱国主义热情空前高涨，在推动祖国的全面发展和进步方面发挥着越来越重要的作用。

爱国是实现人生价值的力量源泉。爱国主义体现了每一个中华儿女对祖国的责任，这种责任是社会发展的客观要求，也是每个人自身发展的客观需要。一个人能够成为什么人、应该成为什么人，在很大程度上要依赖于社会，依赖于生于斯、长于斯的祖国。祖国给个人的成长发展创造条件，对个人创造的成果做出评价，为个人实现人生价值提供舞台、指明方向。

只有党、国家、社会得到更好的发展，大学生个人才能真正实现自身的价值。大学生必须把爱党、爱国作为自身的价值要求，自觉接受和拥护中国共产党的领导，坚定理想信念，永远跟党走。学校通过党团组织的各项政治活动，大力培养学生爱党爱国之情，帮助学生立报国之志、行报国之实。通过开展爱党爱国教育，使学生了解中国历史上的爱国人物和重大事件，帮助大学生深入把握中华民族爱国主义的优良传统。

学校党团组织须结合党和国家的重大节日开展“主题班会”“主题征文”“歌曲比赛”“演讲比赛”“诗歌朗诵”“书法比赛”“爱国主义知识竞赛”等活动，引导大学生在活动中坚定政治信念，增强爱党、爱国、爱社会主义的意识。学校党团组织还应积极引导和组织大学生参加爱党爱国社会实践活动，加深大学生对革命传统的了解，同时，引导大学生继承和发扬优良革命传统，勤奋学习，以实际行动报效祖国。

任务评价

主题	内容	优秀	良好	一般	较差	很差
学习态度	能准时参加全部课程，按时提交作业，及时查阅教师上传的学习材料	5	4	3	2	1
专业知识	了解共产党的基础理论知识	5	4	3	2	1
研讨精神	积极参与讨论，对其他人的发言能提出合理的分析和见解	5	4	3	2	1
团队协作	能很好地融入课堂，参与小组讨论，与小组成员共同推进学习进程	5	4	3	2	1
沟通交流	能够清晰准确地表达自己的观点，与他人交流时态度、语气恰当	5	4	3	2	1
人文素养	增强爱党爱国意识，树立正确的世界观、人生观和价值观	5	4	3	2	1
信息素养	学会检索相关法律法规条例，主动阅读相关法律文献	5	4	3	2	1
实践应用	能在大学校园生活中做文明学生，起到带头模范作用	5	4	3	2	1
自我小结						

任务二 爱校教育

任务描述

爱校教育是德育的重要切入点，学校从对新生的入学教育到对毕业生的离校教育始终贯穿着对大学生的爱校教育。学校在新生入学之初就安排其参观校园，对大学生进行校规、校史教育，让大学生充分了解学校的历史，理解学校的发展规划，接受学校校园文化和学风的熏陶。大学生党团组织以及各类社团，应定期进行校史教育实践活动，开展校史知识竞赛、有奖征文、专题报告等活动，帮助大学生树立爱校意识，增进爱校情怀。同时，学校邀请资深教师、知名校友讲述自己的经历和成长感悟，引导和激励大学生树立自己的人生目标与理想。在潜移默化中，强化大学生对学校的认同感，促使大学生与学校精神、理念产生共鸣。本任务共分为2个工作表单：

(1)参观校园，完成工作表单1。

(2)结合校情，完成工作表单2。

任务实施

工作表单1

通过实地考察、观看学校宣传片、师生访谈等活动了解学校各方面的情况，收集相关的资料，完成以下表单。

学校规模	
学校设施	
学校环境	
学校荣誉	
你最喜欢学校的哪些场室？	
你觉得学校哪些地方最美？	

工作表单2

通过阅读学习及相关资料，填写我校办学理念、校训等内容，完成以下表单。

办学理念	
校训	
校风	
教风	
学风	
学生管理规定	

学习支持

一、知校史、明校情

校史是对一所大学发展轨迹的真实记录，是一所大学兴建、发展与壮大的历程，是大学经验、教训、智慧等方面的积淀，是一本生动的教科书，是大学文化的映射和风格特色的集中体现。

校史是大学传统理念的文字记载，是办学文化的积淀，通过一代代人的努力，赋予校园内每一棵树、每一栋建筑生命和意义。铭记校史是我们了解过去、把握现实、开拓未来的“黄金钥匙”。

1.吸收校史中的时代精神

任何一所高等院校，在办学历史中，都有一个从小到大、从弱到强的发展过程，它们的命运都与国家民族的兴衰荣辱紧密相连。

了解大学历史，认可大学的办学风格，把朴素的爱校之情上升为崇高的爱国之志，把师生的自尊心、自豪感逐步上升为现代公民的责任感，增强历史意识；明确校史与国运、传统与创新、个体与群体之间的关系，从历史的角度了解和思考人与人、人与社会、人与自然的关系，这些都是每个大学生应该主动去完成的任务。一个学校的历史和传统精神、学术文化氛围和校友的榜样作用，都将对一代代学生产生终身铭记的不可估量的影响。

2.感受校史中榜样的力量

校史上为后人传颂和称赞的是那些留下光辉足迹、做出不平凡业绩的杰出人物。他们的思想犹如明灯，让人每次想起都能从内心深处燃起一股向前奋进的动力。

每个学校都有这样的人，他们或在学校发展史上做出过杰出贡献，或在自己的岗位上取得了世人公认的好成绩。大到专家教授，小到优秀毕业生，每一个人所散发出来的精神都是值得入学新生学习和继承的。很多新生都会经历从新奇到迷茫、从迷茫到无措的心理路程。如何摆脱迷茫和无措，顺利开启大学新生活是亟待解决的问题。那些名留校史的人，他们身上那种无论何时都专注于自己的目标、无论环境如何改变都严于律己的精神是值得大学新生学习和继承的。

3.跨越时空续写光荣校史

校史很大，大到它是经过历史的积淀而形成的；校史又很小，小到它需要依靠现在每个人的努力去书写。大学生从进入校门的那刻起直到老去，他们的行为习惯、思维方式等都会被这所学校自身的气质所影响，而这些就是这所学校能够给大学生的最宝贵的财富。

今天，我们一起谈校史，或许你会觉得无聊和遥远，可是当你真正毕业走上社会后，你就会感受到学校生活是最美好的，食堂大妈、快递小哥、宿管阿姨等每个不曾留意的“路人”，都在你心中留下了深刻的印象。这就是大学。

二、行校训、扬校风

校训是大学的内在灵魂，具有强大的生命力。这个生命力亘古持久，渗透在校园的角角落落，蕴含着这个大学的文化积淀，影响着一辈又一辈的师生。

纵览各大学校训，或彰显人本主义精神，或散发理性光芒，或饱含人文关怀。将对国家、社会和人的广博深厚的爱体现在大学精神和校园人文里，是大学校训的社会责任。

大学校训言简意赅，短小精悍，蕴含着学校的办学传统、办学特点以及学校的精神风貌和培养目标。

清华大学校训："自强不息，厚德载物。"1914年，我国近代著名思想家、政治家、学者梁启超在清华以"君子"为题进行演讲，引用"天行健，君子以自强不息；地势坤，君子以厚德载物"来激励学子，后来演变为清华校训，传承至今。

复旦大学校训："博学而笃志，切问而近思。"出自《论语·子张》，它在1915年复旦大学建校10周年时由马相伯老校长选定成为复旦校训，沿用至今。

上海交通大学校训："饮水思源，爱国荣校。"学校使命是"传承文明、探求真理、振兴中华造福人类"。

北京师范大学校训"学为人师，行为世范"由启功先生在北京师范大学建校95周年时所提，至今仍然为北京师范大学师生之行为准则。

重庆电信职业学院"一训三风"：

校训：精技立业，诚信立人。

校风：专以求精，信以求诚。

教风：以精培精，以诚育诚。

学风：精技强能，诚信致远。

同学们来自不同环境、拥有不同背景，从现在开始将在这里接受教育，生活在共同的校园里，接受"一训三风"的生活信念、求学之道、行事作风，在保持自我个性的同时又延续着这个学校最独特的气质。请认真感受和践行"一训三风"的精神内涵吧，这既是大学校园文化的自我展示，也是对每个学子最深切的要求和希望。希望同学们勤学习、善思考，多实践、重创新，敢担当、勇追梦，学会做人、做事、做学问。

任务评价

主题	内容	优秀	良好	一般	较差	很差
学习态度	能准时参加全部课程，按时提交作业，及时查阅教师上传的学习材料	5	4	3	2	1
专业知识	掌握校史校情，积极实地走访，探索校园文化	5	4	3	2	1
研讨精神	积极参与讨论，对其他人的发言能提出合理的分析和见解	5	4	3	2	1
团队协作	能很好地融入课堂，参与小组讨论，与小组成员共同推进学习进程，积极参与学校、学院、班级组织的各类活动，有较强的集体荣誉感	5	4	3	2	1
沟通交流	能够清晰准确地表达自己的观点，与他人交流时态度、语气恰当	5	4	3	2	1
人文素养	能够认真感受和践行学校“一训三风”的精神内涵，有意识地遵守校纪校规	5	4	3	2	1
信息素养	会检索校规校纪相关资料，主动学习相关知识	5	4	3	2	1
实践应用	爱护学校公共设施，自觉遵守学校所制定的各项规章制度，友善对待身边的同学和老师，奋力拼搏，关心学校的发展	5	4	3	2	1
自我小结						

任务三　文明道德

任务描述

通过学习，大学生能够讲文明、严格根据社会主义荣辱观的要求规范自己的思想和行为，养成良好的行为习惯，树立正确的世界观、人生观、价值观。本任务共分为2个工作表单：

(1)结合日常校园生活中周边同学表现，完成工作表单1。

(2)结合校园生活中自身日常表现，完成工作表单2。

任务实施

工作表单1

文明，让你举止文雅，让你受到尊重，为你赢得掌声。在你的大学校园中，请结合亲眼所见，你认为有哪些是不文明现象？

区域	不文明现象
校园公共区域中	
校园教室环境中	
校园宿舍环境中	

工作表单2

"文明人"自测:你是一个文明的人吗?

(1)升国旗时,你能肃立行注目礼吗?	A.能	B.有时	C.不能
(2)你平时说脏话吗?	A.不说	B.很少说	C.常说
(3)路上见到老师,你会主动上前问好吗?	A.会	B.有时	C.不会
(4)你有破坏过公物、乱扔粉笔的行为吗?	A.没有	B.有过	C.经常
(5)你能和同学友好相处并相互帮助吗?	A.能	B.很少	C.不能
(6)你会乱扔垃圾吗?	A.不会	B.偶尔	C.经常
(7)看见校园有垃圾,你会捡起来扔进垃圾桶吗?	A.会	B.偶尔	C.不会
(8)你能做到上课认真听讲,不开小差吗?	A.能	B.有时	C.不能
(9)你能按时独立完成作业,不抄袭吗?	A.能	B.有时	C.不能
(10)参加各种集会你能准时到达,认真听讲吗?	A.能	B.有时	C.不能
说明:选择"A"得3分;选择"B"得2分;选择"C"得1分			

解析

分数为30~24分	你是一个讲文明、懂礼貌的人,举止言谈文明,与老师、同学相处融洽,人际关系好,是个受欢迎的人
分数为23~16分	一般情况下,你是一个讲文明的人,但有时可能没有认真对待一些事情,特别是身边的小事,同样你也是一个比较受欢迎的人
分数为15~10分	许多情况下,你是一个不文明的人,人际关系差,不受大家欢迎,你要注意哟

学习支持

一、大学生礼仪与修养

1.自觉接受和学习礼仪

大学生应当认识到礼仪修养在人际交往中的重要作用。礼仪不仅反映一个人的交际技巧和能力,也反映着一个人的气质、风度和教养。通过学习礼仪,可以提高自身的道德修养和文明程度，更好地展现自身的优雅风度和良好形象。礼仪教育是提升礼仪修养的先决条件。通过礼仪教育和培训，我们可以分清是非，明辨美丑，懂得常识，树立标准。礼仪教育能够促使大学生不断努力和磨炼，形成并产生强烈的提升自我修养的愿望，达到处处讲究礼仪的目的。

古人强调“吾日三省吾身”，说明提高个人修养必须注意反躬自省。同样，学习礼仪，也应处处时时注意自我检查。这样，将有助于发现缺点、找出不足，并且不断总结，实现自我提高。

2.广泛阅读艺术作品、丰富科学文化知识

大学生应当通过书籍、网络新媒体等途径广泛阅读艺术作品和学习科学文化知识，使自己博闻强识。加强文化艺术方面的修养，对提高礼仪素质大有裨益。一般来说，讲文明、懂礼貌、有教养的人，大多数是文化知识丰富的人。这种人逻辑思维能力强，考虑周密，分析事物较为透彻，处理问题较为得当，在人际交往时能彰显出独有的魅力而不显得呆板。

3.积极参加社交实践活动，逐步提高礼仪修养

在现代社会，人际交往越来越广泛，仅仅从理论上弄清礼仪的含义和内容，而不在实践中运用是远远不够的。礼仪修养关键在于实践。修养，既要修炼又要培养，离开实践，修养就成为无源之水、无本之木。在培养礼仪修养时，要坚持主动积极的态度，坚持理论联系实际，将自己学到的礼仪知识积极地应用于社会生活实践的各个方面。大学生要在学校、家庭、社会等场合中，时时处处自觉地从大处着眼、小处着手，以礼仪的准则来规范自己的言谈举止，如不随地吐痰、不乱扔纸屑、不在宿舍酗酒、不在深夜大声喧哗、遵守公共秩序等等。大学生的礼仪修养，关系着我们的未来发展及社会关系等诸多方面，所以大学生应该注重礼仪修养，做一个有修养、讲礼仪的新时代文明人。

随着我国对外交往更加频繁，世界各国的礼仪风俗千差万别，大学生有必要注意搜集、整理、学习和领会礼仪文化知识，以利于在实践中运用。久而久之，就能使自己的礼仪修养提升到一个新的高度。

二、重庆电信职业学院德育教育和行为养成十项规定

(1)衣着得体，举止文明，见到老师主动问好，公共场合男女同学文明交往，不

搂抱，不说脏话。

（2）爱护校园环境，随手捡拾垃圾，不随地吐痰，不随意停放车辆，对违反相关规定的行为主动制止。

（3）保持教室清洁卫生，不将食物带入教室，不乱扔纸屑杂物，垃圾入纸篓，不在课桌椅、墙壁上乱写乱画。

（4）节约用电，离开教室、宿舍时自觉关闭门窗、电灯、空调等。不乱接、乱拉照明线路，杜绝长明灯现象。

（5）维护就餐秩序，自觉排队，对特殊人群、残疾人等要主动礼让，不插队、不拥挤，营造文明就餐环境。

（6）养成文明就餐习惯，践行光盘行动，自觉清理餐桌并将餐盘放到指定的地点，不随意丢弃纸巾、倾倒剩饭。

（7）遵守宿舍管理规定，不无故晚归，杜绝夜不归宿，保持宿舍内务整洁卫生，不向楼道乱扔杂物，垃圾倒入指定场所。

（8）增强自我防范意识，严禁毁坏、移动消防设施，不留宿他人，不在宿舍内吸烟、喝酒、违规使用电器。

（9）遵守大型活动秩序，服从指挥，文明观赛，礼貌参会，有序离场，不起哄、不拥挤，不乱弃纸巾等，人走垃圾带离，打造无垃圾会场、操场和运动场。

（10）积极参与、支持校园志愿者服务等爱心公益实践活动，不从事任何损害集体和个人利益的活动。

三、重庆电信职业学院大学生文明习惯养成日常教育

在大学校园中，各二级学院从课堂纪律、教室卫生、早晚自习、日常生活秩序、校园文明等方面入手，结合学生实际，加强对学生的教育引导，制定切实可行的措施，对迟到、早退、旷课、上课玩手机、教室脏乱差等问题进行重点整治。学院加强对学生夜不归宿、违规使用电器、宿舍卫生秩序差、在宿舍酗酒等行为的查处，加强对校园不文明行为的检查和纠察，维护校园的平安、文明、和谐；学工部、教学部、教学督导深入教学楼开展教学秩序检查，发现问题及时纠正，保持良好教学秩序。

为切实加强学生日常文明行为规范养成教育，增强学生自我管理、自我教育、自我服务的意识，激发学生热爱学习、热爱生活、积极进取的精神，各二级学院将学生日常文明行为规范养成教育作为工作重心，建立联动机制，齐抓共管，从狠抓学生宿舍内务卫生做起，教育引导学生培养良好的行为习惯。

任务评价

主题	内容	优秀	良好	一般	较差	很差
学习态度	能准时参加全部课程学习，按时提交作业，及时查阅教师上传的学习资料	5	4	3	2	1
专业知识	了解和掌握文明道德、校规校纪等知识	5	4	3	2	1
研讨精神	积极参与讨论，对其他人的发言能提出合理的分析和见解	5	4	3	2	1
团队协作	能很好地融入课堂，参与小组讨论，与小组成员共同推进学习进程	5	4	3	2	1
沟通交流	能够清晰准确地表达自己的观点，与他人交流时态度、语气恰当	5	4	3	2	1
人文素养	能够了解文明道德的含义，有意识地养成文明的行为习惯	5	4	3	2	1
信息素养	会检索文明道德相关资料，主动学习相关知识	5	4	3	2	1
实践应用	能成为当代大学生文明道德修养的典范	5	4	3	2	1

自我小结

任务四　践行社会主义核心价值观

任务描述

习近平总书记在党的二十大报告中提出要“广泛践行社会主义核心价值观”。本任务通过观看视频、主题研讨等环节来呈现社会主义核心价值观的内容，共分为3个工作表单：

（1）按照学习视频，完成工作表单1。

（2）通过主题研讨，完成工作表单2。

（3）填写体会和感想，完成工作表单3。

任务实施

工作表单1

领悟学习视频、查阅相关资料，填写表单，掌握相应的知识。

社会主义核心价值观		学习视频	学习任务
层面	内容		
国家层面		“百家讲坛”：《社会主义核心价值观讲坛·富强》 “领航”：《人民民主》 “正道沧桑——社会主义500年”：《和谐旋律》	通过观看视频，小组交流代表中华民族站起来、富起来、强起来的标志性事件
社会层面		“百家讲坛”：《社会主义核心价值观讲坛·自由》 “为了公平正义” “法治中国”	通过观看视频，你发现你参与了哪些志愿服务活动
个人层面		“非凡百年” “时代楷模” “大国工匠”	讲述“红岩故事”，列举相关历史人物

工作表单2

通过主题研讨，填写体会和感想。

序号	主题研讨	体会和感想
1	谈谈新时代重庆是如何努力推动高质量发展、创造高品质生活的？	
2	我们为什么要践行社会主义核心价值观？日常生活中怎样践行社会主义核心价值观？	

工作表单3

通过主题研讨填写体会和感想，涵养大学生的政治信仰、精神特质和道德情操。

序号	主题研讨	体会和感想
1	看过“百家讲坛”《社会主义核心价值观讲坛·爱国》，谈谈日常生活中你是用哪些实际行动去爱国的？	
2	作为新时代大学生，你怎样做一名有志气、有骨气、有底气的中国人？	

学习支持

人民有信仰，国家有力量，民族有希望。中共中央办公厅印发的《关于培育和践行社会主义核心价值观的意见》指出："富强、民主、文明、和谐是国家层面的价值目标，自由、平等、公正、法治是社会层面的价值取向，爱国、敬业、诚信、友善是公民个人层面的价值准则，这24个字是社会主义核心价值观的基本内容。"

社会主义核心价值观是凝聚人心、汇聚民力的强大力量。弘扬以伟大建党精神为源头的中国共产党人精神谱系，用好红色资源，深入开展社会主义核心价值观宣传教育，深化爱国主义、集体主义、社会主义教育，着力培养担当民族复兴大任的时代新人。坚持依法治国和以德治国相结合，把社会主义核心价值观融入法治建设、融入社会发展、融入日常生活。

任务评价

主题	内容	优秀	良好	一般	较差	很差
学习态度	能准时参加全部课程学习，按时提交作业，及时查阅教师上传的学习资料	5	4	3	2	1
专业知识	了解和掌握社会主义核心价值观的内涵	5	4	3	2	1
研讨精神	能积极参与讨论，提出合理见解，分享体会和感想	5	4	3	2	1
团队协作	能很好地融入课堂，参与小组讨论，与小组成员共同推进学习进程	5	4	3	2	1
沟通交流	能够清晰准确地表达自己的观点，与他人交流研讨时态度、语气恰当	5	4	3	2	1
人文素养	能够将社会主义核心价值观融入日常生活，树立爱国主义思想	5	4	3	2	1
信息素养	会检索爱国主义相关资料，主动学习相关知识	5	4	3	2	1
实践应用	能成为担当民族复兴大任的时代新人	5	4	3	2	1

自我小结

小结

本章节通过爱党爱国、爱校教育、文明道德及践行社会主义核心价值观四个任务的知识学习，培育大学生的爱国情怀、加强大学生的社会责任感、提高大学生的品德修养。高校德育工作要立足新时代的历史方位和育人要求，从德育的目标、社会时代发展的需求以及学生自我价值实现三方面创新德育教育，有效落实立德树人根本任务，培养堪当民族复兴大任的时代新人。

我的______月总结汇报

姓名______________　　学号______________　　班级______________

思想：

学习：

生活：

02

模块二

体　育

学习目标

知识目标

1. 掌握科学锻炼身体的基本原理和方法。

2. 掌握合理有效的健身方法、运动损伤的预防与处理方法以及锻炼效果的自我评价方法。

技能目标

1. 通过体育课程学习，掌握两项自己较为喜欢的运动项目，为“终身体育”打好基础。

2. 能够用科学的理论知识指导体育实践活动。

素质目标

1. 提升参与体育锻炼的积极性。

2. 通过体育活动提升合作能力、交往能力和适应能力，形成良好的人际关系和团结协作的团队精神。

3. 通过体育活动改善心理状态，克服心理障碍，在运动中体验运动的乐趣和成功的喜悦。

20______年 第______周

日　期	星　期	日程安排	
____月____日	一	课内	
		课外	
____月____日	二	课内	
		课外	
____月____日	三	课内	
		课外	
____月____日	四	课内	
		课外	
____月____日	五	课内	
		课外	
____月____日	六	课内	
		课外	
____月____日	日	课内	
		课外	

20______年　　　　　　　　　　　　　　　　　　　　　　第______周

日　期	星　期		日程安排
____月____日	一	课内	
		课外	
____月____日	二	课内	
		课外	
____月____日	三	课内	
		课外	
____月____日	四	课内	
		课外	
____月____日	五	课内	
		课外	
____月____日	六	课内	
		课外	
____月____日	日	课内	
		课外	

20______年　　　　　　　　　　　　　　　　　　　　　　第______周

日　期	星　期	日程安排			
____月____日	一	课内			
		课外			
____月____日	二	课内			
		课外			
____月____日	三	课内			
		课外			
____月____日	四	课内			
		课外			
____月____日	五	课内			
		课外			
____月____日	六	课内			
		课外			
____月____日	日	课内			
		课外			

20______年　　　　　　　　　　　　　　　　　　　　　第______周

日　期	星　期	日程安排	
____月____日	一	课内	
		课外	
____月____日	二	课内	
		课外	
____月____日	三	课内	
		课外	
____月____日	四	课内	
		课外	
____月____日	五	课内	
		课外	
____月____日	六	课内	
		课外	
____月____日	日	课内	
		课外	

任务一 常见及特色体育运动

任务描述

学生通过本任务的学习，了解和掌握常见体育运动的基本知识，从宏观上把握现代体育的基本特征和基本规律，树立正确的体育观念和体育精神。本任务共分为2个工作表单：

（1）讲体育故事。

（2）组织一场体育比赛，并撰写心得体会。

任务实施

工作表单1

阅读学习支持及相关资料，了解常见体育运动的起源、基本规则，以及锻炼身体的基本原理，并分享。

运动项目	分享内容
足球	
篮球	
乒乓球	
羽毛球	
排球	
网球	
龙狮运动	

工作表单2

小组合作,组织一场体育比赛,并列出所需准备事项的清单。

比赛名称	清单
	物质准备: 活动准备:

注:本任务工作表单中的表格可根据教学实际学生自行准备。

学习支持

学生可使用“体育与健康”相关教材进行学习,从宏观上把握体育的基本特征和基本规律。以下介绍常见的体育运动。

1. 足球

足球,最早起源于中国,被称为“蹴鞠”。经常参加足球运动可以全面提高人体速度、力量、耐力、灵敏、柔韧等身体素质,改善人体神经系统、心血管系统、呼吸系统等内脏器官系统和肌肉、骨骼等运动系统的功能,达到增强体质、促进健康的目的。

图2-1　足球运动

2. 篮球

篮球是以投篮为目的的对抗性体育运动之一。篮球运动的形式多样，具有很强的参与性、趣味性、应变性、娱乐性和竞技性等，能满足不同人群的多种需求。篮球运动的形式可因人而异，运动量可随意调节，因此适宜各类人群的广泛参与。各种类型的参与者都能在活动场上找到展示自我的方式，满足自己不同层次的需求。

图2-2　篮球运动

3. 乒乓球

乒乓球被称为中国的“国球”，器材设备简单，室内室外都可以进行，运动量可大可小，不同年龄、性别和身体条件的人都可以参加。乒乓球速度快、变化多，要求练习者在短时间内对瞬息万变的击球有较强的反应能力和应变能力，能提高人体神经系统的灵敏性、协调性。

图2-3　乒乓球运动

4.羽毛球

打羽毛球时需要眼、脑、手、脚、肩、腰、胳膊以及腿综合协调动作，对运动者身体素质的锻炼非常全面，且可以帮助运动者陶冶情操、修身养性。

图2-4　羽毛球运动

5.排球

排球运动是用双手做发球、垫球、传球、扣球和拦网等动作来组织进攻和防守的球类运动项目之一。排球属于有氧运动，不仅能够锻炼人的爆发力、弹跳力，而且可以提高人的耐力，有助于肌肉生长。排球运动基本动作——下蹲抬头——像豹子一样时刻准备着，接球、跑动、扣球、防守等动作使身体舒展，基本囊括五禽戏里的动作，有利于脊椎的发育。

图2-5　排球运动

6. 网球

打网球时运动员需要对来球的弧度、速度做出准确的判断，并联想到落点，然后做出相应的移动或跑动的动作，在挥拍回击的瞬间，还要根据对方的位置、身体姿势、可能做出的反应动作等决定自己的击球动作和方向。经常打网球能让学生保持充沛的精力，增强记忆力，提高学习效率。

图2-6　网球运动

7. 龙狮运动

龙狮运动分为舞龙与舞狮两部分。龙狮运动内容丰富多样，趣味性强，使参与者热情高昂，心情舒畅。同时也是一项技巧性强、负荷量大、持续时间长、身体锻炼部位全面的集体项目。对演练者来说是一种很好的身体和精神的双重锻炼。

图2-7　龙狮运动

任务评价

主题	内容	优秀	良好	一般	较差	很差
学习态度	能准时参加全部课程学习，按时提交作业，及时查阅教师上传的学习资料	5	4	3	2	1
专业知识	了解和掌握常见体育项目基础知识	5	4	3	2	1
研讨精神	积极参与讨论，对其他人的发言能提出合理的分析和见解	5	4	3	2	1
团队协作	能很好地融入课堂，参与小组讨论，在体育运动中重视团队合作，与团队共同推进学习进程	5	4	3	2	1
沟通交流	能够清晰准确地表达自己的观点，与他人交流时态度、语气恰当	5	4	3	2	1
人文素养	能够了解体育基础知识，有意识地养成锻炼身体的习惯	5	4	3	2	1
信息素养	会检索体育相关资料，主动学习相关知识	5	4	3	2	1
实践应用	能够掌握至少两项体育运动项目	5	4	3	2	1
自我小结						

任务二 大学生体质测试[①]

任务描述

学生通过本任务的学习，了解和掌握我国大学生身体素质评定要求，了解自己身体素质状况，养成良好的锻炼习惯，提高体质健康水平。本任务共2个工作表单：

(1)学习《国家学生体质健康标准(2014年修订)》文件，填写体重指数标准范围。

(2)学习《国家学生体质健康标准(2014年修订)》文件，填写肺活量、50米跑、坐位体前屈、立定跳远、1000米跑(或800米跑)的及格与优秀成绩标准范围。

任务实施

工作表单1

查阅《国家学生体质健康标准(2014年修订)》，根据个人性别，填写体重指数[②](BMI)标准范围。(在性别前打"√")

________男________女

等级	体重指数标准范围(单位:kg/m^2)
正常	
低体重	
超重	
肥胖	

①本节内容所涉及指标均指大学阶段。

②注：体重指数(BMI)=体重(kg)/身高^2(m^2)。

工作表单2

查阅《国家学生体质健康标准（2014年修订）》文件，根据个人性别，填写肺活量、50米跑、坐位体前屈、立定跳远、1000米跑（或800米跑）的及格与优秀标准范围。（在性别前打“√”）

________男________女

评价指标（测试项目）	及格标准范围		优秀标准范围	
	大一 大二	大三 大四	大一 大二	大三 大四
肺活量（单位：mL）				
50米跑（单位：s）				
坐位体前屈（单位：cm）				
立定跳远（单位：cm）				
男1000米（女800米）跑（单位：min·s）				

学习支持

为激励学生积极参加身体锻炼，促进青少年身心健康、体魄强健、全面发展，教育部结合新时期青少年体质健康状况和学校体育工作实际，在2014年对2007年版的《国家学生体质健康标准》进行了修订。

《国家学生体质健康标准（2014年修订）》从身体形态、身体机能和身体素质等方面综合评定学生的体质健康水平，是促进学生体质健康发展、激励学生积极进行身体锻炼的教育手段，是国家学生发展核心素养体系和学业质量标准的重要组成部分，是学生体质健康的个体评价标准。

每个学生每学年评定一次，记入《〈国家学生体质健康标准〉登记卡》，如下表2-1所示，此表为大学样表，高等职业学校、高等专科学校参照本样表执行。

表 2-1 《国家学生体质健康标准》登记卡

<table>
<tr><td>姓　名</td><td colspan="4"></td><td colspan="2">性　别</td><td colspan="4"></td><td colspan="2">学　号</td><td colspan="2"></td></tr>
<tr><td>院(系)</td><td colspan="4"></td><td colspan="2">民　族</td><td colspan="4"></td><td colspan="2">出生日期</td><td colspan="2"></td></tr>
<tr><td rowspan="2">单项指标</td><td colspan="3">大一</td><td colspan="3">大二</td><td colspan="3">大三</td><td colspan="3">大四</td><td colspan="2">毕业成绩</td></tr>
<tr><td>成绩</td><td>得分</td><td>等级</td><td>成绩</td><td>得分</td><td>等级</td><td>成绩</td><td>得分</td><td>等级</td><td>成绩</td><td>得分</td><td>等级</td><td>得分</td><td>等级</td></tr>
<tr><td>体重指数(BMI)(kg/m²)</td><td></td><td></td><td></td><td></td><td></td><td></td><td></td><td></td><td></td><td></td><td></td><td></td><td rowspan="13"></td><td rowspan="13"></td></tr>
<tr><td>肺活量(mL)</td><td></td><td></td><td></td><td></td><td></td><td></td><td></td><td></td><td></td><td></td><td></td><td></td></tr>
<tr><td>50 米跑(s)</td><td></td><td></td><td></td><td></td><td></td><td></td><td></td><td></td><td></td><td></td><td></td><td></td></tr>
<tr><td>坐位体前屈(cm)</td><td></td><td></td><td></td><td></td><td></td><td></td><td></td><td></td><td></td><td></td><td></td><td></td></tr>
<tr><td>立定跳远(cm)</td><td></td><td></td><td></td><td></td><td></td><td></td><td></td><td></td><td></td><td></td><td></td><td></td></tr>
<tr><td>引体向上(男)/
1 分钟仰卧起坐(女)(次)</td><td></td><td></td><td></td><td></td><td></td><td></td><td></td><td></td><td></td><td></td><td></td><td></td></tr>
<tr><td>1000 米跑(男)/
800 米跑(女)(min·s)</td><td></td><td></td><td></td><td></td><td></td><td></td><td></td><td></td><td></td><td></td><td></td><td></td></tr>
<tr><td>标准分</td><td colspan="3"></td><td colspan="3"></td><td colspan="3"></td><td colspan="3"></td></tr>
<tr><td>加分指标</td><td>成绩</td><td colspan="2">附加分</td><td>成绩</td><td colspan="2">附加分</td><td>成绩</td><td colspan="2">附加分</td><td>成绩</td><td colspan="2">附加分</td></tr>
<tr><td>引体向上(男)/
1 分钟仰卧起坐(女)(次)</td><td></td><td colspan="2"></td><td></td><td colspan="2"></td><td></td><td colspan="2"></td><td></td><td colspan="2"></td></tr>
<tr><td>1000 米跑(男)/
800 米跑(女)(min·s)</td><td></td><td colspan="2"></td><td></td><td colspan="2"></td><td></td><td colspan="2"></td><td></td><td colspan="2"></td></tr>
<tr><td>学年总分</td><td colspan="3"></td><td colspan="3"></td><td colspan="3"></td><td colspan="3"></td></tr>
<tr><td>等级评定</td><td colspan="3"></td><td colspan="3"></td><td colspan="3"></td><td colspan="3"></td></tr>
<tr><td>体育教师签字</td><td colspan="3"></td><td colspan="3"></td><td colspan="3"></td><td colspan="3"></td><td colspan="2"></td></tr>
<tr><td>辅导员签字</td><td colspan="3"></td><td colspan="3"></td><td colspan="3"></td><td colspan="3"></td><td colspan="2"></td></tr>
</table>

任务评价

主题	内容	优秀	良好	一般	较差	很差
学习态度	能准时参加全部课程学习,按时提交作业,及时查阅教师上传的学习资料	5	4	3	2	1
专业知识	掌握大学生体质测试标准	5	4	3	2	1
研讨精神	积极参与讨论,对其他人的发言能提出合理的分析和见解	5	4	3	2	1
团队协作	能很好地融入课堂,参与小组讨论,与小组成员共同推进学习进程	5	4	3	2	1
沟通交流	能够清晰准确地表达自己的观点,与他人交流时态度、语气恰当	5	4	3	2	1
人文素养	有意识地养成体育锻炼与健康行为习惯	5	4	3	2	1
信息素养	会检索体育测试标准相关资料,主动学习相关知识	5	4	3	2	1
实践应用	能掌握大学生体质测试标准,并达到及格或以上标准	5	4	3	2	1
自我小结						

任务三　运动中的营养

任务描述

日常的运动训练或者锻炼，必须通过饮食来维持，而人的多项功能都与营养饮食有不可分割的联系，不科学的营养摄入会引起机体的很多部位非正常运转，从而导致一系列疾病。因此，合理的膳食结构和科学的营养搭配是科学运动的前提。本任务共1个工作表单：小组讨论在运动前如何做好科学饮食。

任务实施

工作表单

阅读学习支持及相关资料，小组讨论在运动前如何做好科学饮食。

学习支持

一、运动人群补液方法

（1）运动前2小时饮用400~600 mL含电解质与糖的运动饮料；也可在运动前15~20 min补液 400~700 mL，每次饮用100~200 mL。

（2）运动中每隔15~20 min补充150~300 mL，运动时间小于1小时可补充纯水，大于1小时需补充含电解质和糖的饮料。

（3）运动后根据排汗量确定补液量（运动前体重−运动后体重+运动中补液量），

越早补液越好，少量多次，不能暴饮，应补充含电解质和糖的饮料，促进糖原再合成。

二、运动前的最佳进食时间

进食的时机随着运动时间的变化和食物的种类而有所不同，原则是吃进去的食物可以在运动过程中提供充足的营养和能量，而又不至于在运动过程中造成肠胃不适。运动负荷比较大的运动，如打篮球、跑步等，对胃内的食物通常比较敏感，少量的食物可能就会令人感到不舒服，这就需要在运动前更早的时候进食，或是减少食物的摄取量，以减轻不适的症状。一般而言，运动负荷比较小的运动，如快走和游泳，一般不会受到胃中食物的影响，所以进食的时间和食物的选择有较大的弹性。

1. 上午8:00的运动

经过一夜后，肝脏中糖原的含量已经降低，而在运动前补充碳水化合物可以提高运动能力。在运动前90~120 min应吃少量的早餐，如面包加果酱或水果；避免食用富含脂肪的食物，如包子、油饼，它们不容易被消化，会在胃里停留比较长的时间，也无法提供足够的碳水化合物。若是习惯吃丰盛的早餐，就需要在运动前的两三个小时进食，这样机体才有足够的时间消化。如果无法早起，在运动前的10~30 min可以饮用运动饮料或是吃一两片面包补充体内的糖原。乳糖不耐受症患者饮用牛奶易导致腹泻。

2. 上午10:00的运动

在当天7:00左右吃丰盛而高碳水化合物的早餐，3小时的时间足够消化这些食物，这样既补充了糖原，又不会造成肠胃不适，同时应该避免吃油腻的食物。

3. 午间12:00的运动

当天吃丰盛而高碳水化合物的早餐，若是8:00吃早餐，在11:00左右可以再吃少量的含高碳水化合物的点心，如面包、果汁或水果；若是9:00吃早餐，运动前的10~30 min可以再补充一些运动饮料。

4. 下午4:00的运动

当天早上8:00吃丰盛的早餐，中午12:00吃高碳水化合物的午餐，下午3:00吃少量高碳水化合物的点心，同时在一天中必须摄取充足的水分；也可以从早上开始每一两个小时喝一大杯果汁，补充并维持体内糖原的含量，运动前20~30 min再饮用运动饮料作为最后的补充。

5.晚间8:00的运动

当天吃丰盛而富含碳水化合物的早餐和午餐，下午5:00吃丰盛而富含碳水化合物的晚餐，或是下午6:00吃少量却富含碳水化合物的晚餐，避免吃高脂肪的食物，如油炸的食物、肥肉等。运动前20~30 min喝200~300 mL运动饮料或果汁。在一天中都要摄取充足的水分。

任务评价

主题	内容	优秀	良好	一般	较差	很差
学习态度	能准时参加全部课程学习，按时提交作业，及时查阅教师上传的学习资料	5	4	3	2	1
专业知识	掌握和了解运动中的营养相关知识	5	4	3	2	1
研讨精神	积极参与讨论，对其他人的发言能提出合理的分析和见解	5	4	3	2	1
团队协作	能很好地融入课堂，参与小组讨论，与小组成员共同推进学习进程	5	4	3	2	1
沟通交流	能够清晰准确地表达自己的观点，与他人交流时态度、语气恰当	5	4	3	2	1
人文素养	能够了解运动中的营养相关知识，有意识地养成健康的饮食习惯	5	4	3	2	1
信息素养	会检索膳食营养相关的资料，主动阅读相关文献	5	4	3	2	1
实践应用	能够合理搭配饮食，养成科学运动的习惯	5	4	3	2	1
自我小结						

小结

通过学习体育基础知识、大学生体质测试要求、运动中的营养等内容，每位学生都能找到自己喜欢的运动项目和适合自己的锻炼方法，为“终身体育”打好基础，同时在体育活动中培养自己的合作能力、交往能力和适应能力，形成良好的人际关系和团结协作的团队精神，促进心理状态改善，克服心理障碍，体验运动的乐趣和成功的喜悦。

我的______月总结汇报

姓名________________ 学号________________ 班级________________

思想：

学习：

生活：

模块三

美　育

学习目标

知识目标

1.理解中国画、音乐、服饰的形式之美，提高对艺术作品的鉴赏能力。

2.通过欣赏各类艺术作品，感悟中国文化艺术，理解中国文化艺术的内涵与价值。

技能目标

1.理解中国画、音乐、服饰的相关元素，掌握一定鉴赏艺术作品的技巧。

2.能感悟艺术家创作时的思想、情感，体会作品中的个人风格等。

3.引导学生用自己喜欢的方式表现美、创造美。

素质目标

1.培养学生的民族自豪感、民族自信心，激发学生的爱国主义情怀。

2.培养学生的艺术素养，使其形成正确的审美观和价值观。

3.增强学生的审美能力，提高其人文修养。

20______年　　　　　　　　　　　　　　　　　　第______周

日　期	星　期	日程安排	
____月____日	一	课内	
		课外	
____月____日	二	课内	
		课外	
____月____日	三	课内	
		课外	
____月____日	四	课内	
		课外	
____月____日	五	课内	
		课外	
____月____日	六	课内	
		课外	
____月____日	日	课内	
		课外	

20______年　　　　第______周

日　期	星　期	日程安排	
____月____日	一	课内	
		课外	
____月____日	二	课内	
		课外	
____月____日	三	课内	
		课外	
____月____日	四	课内	
		课外	
____月____日	五	课内	
		课外	
____月____日	六	课内	
		课外	
____月____日	日	课内	
		课外	

20______年 第______周

日期	星期		日程安排
____月____日	一	课内	
		课外	
____月____日	二	课内	
		课外	
____月____日	三	课内	
		课外	
____月____日	四	课内	
		课外	
____月____日	五	课内	
		课外	
____月____日	六	课内	
		课外	
____月____日	日	课内	
		课外	

20______年　　　　　　　　第______周

日　期	星　期	日程安排	
____月____日	一	课内	
		课外	
____月____日	二	课内	
		课外	
____月____日	三	课内	
		课外	
____月____日	四	课内	
		课外	
____月____日	五	课内	
		课外	
____月____日	六	课内	
		课外	
____月____日	日	课内	
		课外	

任务一 国画欣赏

任务描述

中国画,作为中华民族的传世瑰宝之一,在中国传统文化中有着举足轻重的地位,同时,中国画在世界范围内也享有极高的赞誉。美育离不开中国画的艺术熏陶,让学生理解中国画形式之美,了解中国画的相关元素,掌握一定的鉴赏中国画作品的技巧,体会中国艺术的内涵与价值,是美育的重要任务。从中国画的经典作品入手,让学生了解作品的创作背景、基本技法,了解画家创作时的思想、情感,从而体会作品中的个人情感、风格等,这些都是欣赏中国画的必要途径。本任务共1个工作表单:名画信息收集。

任务实施

工作表单

收集资料,补充工作表单中的年代、画家、馆藏地等信息,并记住其中感兴趣的画作信息。

年代	画家	名称	馆藏地
		《洛神赋图》	
		《游春图》	
		《步辇图》	
		《五牛图》	
		《韩熙载夜宴图》	
		《千里江山图》	
		《清明上河图》	
		《富春山居图》	
		《汉宫春晓图》	

学习支持

中国画在古代被称为“丹青”，传统绘画形式是用毛笔蘸水、墨、彩作画于绢或纸上，并加以装裱。“中国画”简称“国画”。中国画主要分为人物、花鸟、山水三大类，而之所以分为这三大类，与艺术背后的哲学意趣息息相关，三者之合构成了宇宙的整体，相得益彰。

上千年来，中华大地上诞生了无数杰出的画家，也留下了无数精美绝伦的画作，这些艺术家和艺术作品在中国乃至世界艺术史上留下了浓墨重彩的一笔。

一、洛神赋图

《洛神赋图》传为顾恺之所绘，现存多卷均为宋及宋以后的摹本。《洛神赋图》以三国文学家曹植的名篇《洛神赋》为题材，讲述了在洛水之滨邂逅洛水女神宓妃的一段浪漫韵事，长卷式的画面重现了赋文中哀伤凄婉的氛围。

《洛神赋图》中的主要人物为曹植和洛神，二人的身影在长卷中不断重复出现，上演着相遇和别离的情节。同一人物在一个画面中多次出现，看似是一种不符合逻辑的描绘方式，实际与手卷的观看方式有关——古人欣赏装裱成卷的画作时，通常只打开其中的一段，观赏完毕卷起后，再打开下段内容欣赏。因此在手卷长达数米的画面中，往往还包含着历时性的时间线索。从《洛神赋图》中我们可以看到，在魏晋时期，画家就已经开始探索图画的叙事性表达，力图用一幅幅连续的画面，讲述完整的故事情节。

（传）顾恺之（东晋），绢本设色，纵 27.1 cm，横 572.8 cm

图 3-1　洛神赋图（局部）

二、游春图

《游春图》是一幅山水画，描绘了人们在风和日丽、春光明媚的季节，到山间水旁"踏青"游玩的情景。全画以自然景色为主，人物点缀其间。湖边一条曲折的小径，蜿蜒伸入幽静的山谷。人们或骑马，或步行，沿途观赏着青山绿水、花团锦簇的胜境。在波光粼粼的湖面上，一艘游船缓缓荡漾，船上坐着的几个女子似乎为四周景色所陶醉，流连忘返。山腰和山坳间建有几处佛寺，十分幽静。这样的画面静谧美好，令人神往。

画家运用细而有力的线条勾画出物象的轮廓，人物虽然小如豆粒，但一丝不苟，形态毕现。山石树木只用线条勾画，依旧可以看到行笔中轻重、粗细、顿挫、转折的变化，此时尚未见到唐代以后绘画中出现的皴擦技法。

作品的色彩浓丽厚重，山石树木均以矿物制成的石青、石绿颜料赋色，以青绿的色彩为主调，建筑物和人物、马匹间以红、白诸色相映，既统一和谐，又富有变化。亮丽的色彩亦更好地衬托出大好河山盎然勃发的春天气息。

展子虔(隋)，绢本设色，纵43 cm，横80.5 cm

图3-2 游春图(局部)

三、步辇图

《步辇图》描绘的是唐太宗李世民在宫内接见松赞干布派来的吐蕃使臣禄东赞的情景。李世民端坐在由6名宫女抬着的坐榻(又称步辇，图画即以此为名)上，另有3个宫女分别在前后掌扇和持华盖。唐太宗面前站立3人：最右者，身穿大红袍，是这次仪式的引见官员；中间是吐蕃的使臣禄东赞，拱手而立，发型和服饰与中原地区不同；最左为一穿白袍的内官。按照画家阎立本当时的地位和身份，他完全可能是这次历史性会见的目击者，所以他笔下的人物非常真实、生动。唐太宗李世民的威严，使臣禄东赞的干练、谦和，引见官员和内侍的恭谨，年轻宫女的天真活泼，都各具特点，跃然绢上。唐太宗和禄东赞等人在民族特点、个人气质上的差别也在画中有所表现。

阎立本(唐)，绢本设色，纵38.5 cm，横129 cm

图3-3　步辇图(局部)

四、五牛图

《五牛图》是目前所见最早作于纸上的绘画，纸质为麻料，具有唐代纸张的特点。图中五牛，形象不一，姿态各异，或行或立，或俯首，或昂头，形态各异。其中一牛完全为正面画成，视角独特，显示出作者高超的造型能力。作者以简洁的线条勾勒出牛的骨骼转折，筋肉缠裹，笔法老练流畅，线条富有力度和精确的艺术表现力。牛头部与口鼻处的根根细毛，更是笔笔入微。每头牛皆目光炯炯，作者通过对牛的眼神着力刻画，将牛既温顺又倔强的性格表现得极为传神。作品完全以牛为表现对象，虽无背景衬托，但造型准确生动，设色清淡古朴，浓淡渲染有别，画面层次丰富，达到了形神兼备之境界。牛是中国古代绘画的传统题材之一，这与古代中国以农为本的主导思想紧密相关。韩滉任职宰相期间，注重农业发展，此图可能含有鼓励农耕的意义。

韩滉(唐),纸本设色,纵20.8 cm,横139.8 cm

图3-4 五牛图

五、韩熙载夜宴图

《韩熙载夜宴图》如实地再现了南唐大臣韩熙载夜宴宾客的历史情景,细致地描绘了宴会上弹丝吹竹、清歌艳舞、调笑欢乐的热闹场面,又深入地刻画了主人公既超脱不羁,又沉郁寡欢的复杂性格。全图共分为5个段落,最出色的还是对主人公韩熙载的刻画,长髯、高帽的外形与文献记载均相吻合,举止、表情更显露出他复杂的心境。

作品造型准确精微,线条工细流畅,色彩绚丽清雅。对不同物象的笔墨运用富有变化,敷色更见丰富、和谐,仕女的素妆艳服与男宾的青黑色衣衫形成鲜明对照。几案坐榻等深黑色家具沉厚古雅,仕女裙衫、帘幕、帐幔、枕席上的图案绚烂多彩。不同色彩对比参差,交相辉映,使整体色调艳而不俗,绚中出素,呈现出高雅、素馨的格调。

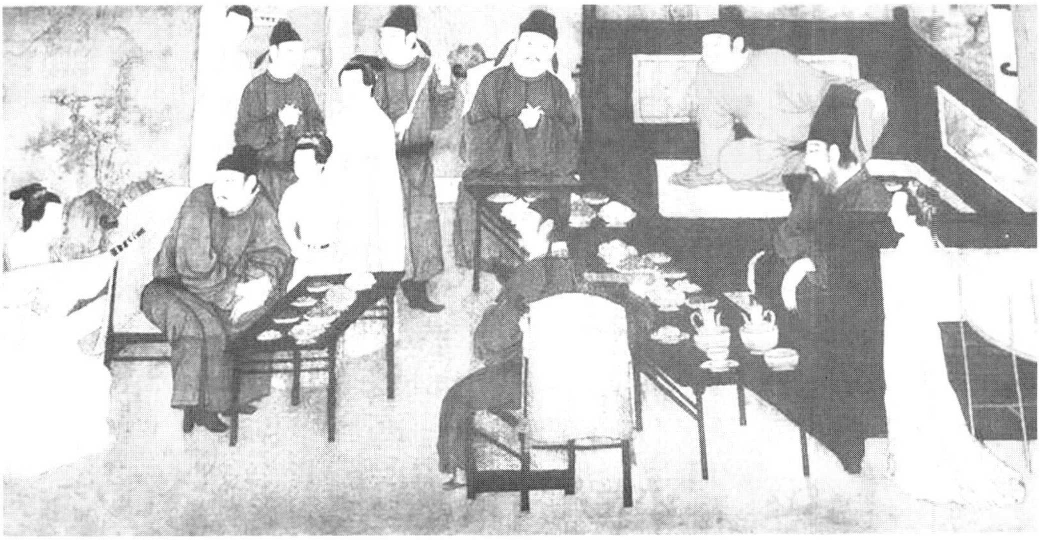

顾闳中(南唐),绢本设色,纵28.7 cm,横335.5 cm

图3-5 韩熙载夜宴图(局部)

六、千里江山图

《千里江山图》是北宋画家王希孟传世的唯一作品，此图描绘了祖国的锦绣河山。画面上峰峦起伏绵延，江河烟波浩渺，气象万千，壮丽恢宏。山间高崖飞瀑，曲径通幽，房舍屋宇点缀其间，绿柳红花，长松修竹，景色秀丽。山水间野渡渔村、水榭楼台、茅屋草舍、水磨长桥各依地势、环境而设，与山川湖泊相辉映。此画卷以概括精练的手法、绚丽的色彩和工细的用笔表现出祖国山河的雄伟壮观，一向被视为宋代青绿山水中的经典之作。

画家在构图上充分利用传统的长卷形式，利用多点透视，在10余米的巨幅长卷中将景物大致分为6部分，每部分均以山体为主要表现对象，各部分之间或以长桥相连，或以流水相通，使各段山水既相对独立，又相互关联，巧妙地连成一体，呈现出步移景异的艺术效果。高远、深远、平远多种构图方式的穿插使用更使画面层次丰富，跌宕起伏，富有强烈的韵律感，引人入胜。

王希孟（北宋），绢本设色，纵51.5 cm，横1191.5 cm

图3-6　千里江山图（局部）

七、清明上河图

《清明上河图》描绘的是清明时节北宋都城汴京（今河南开封）东角子门内外和汴河两岸的繁华热闹景象。全画可分为三段：首段写市郊景色，茅檐低伏，阡陌纵横，其间人物往来；中段以“上土桥”为中心，另画汴河及两岸风光；后段描写的是市区街道，城内商店鳞次栉比，大店门首还扎结着彩楼欢门，而有的小店只是一个敞棚。街上行人摩肩接踵，车马轿驼络绎不绝。

此画用笔兼工带写，设色淡雅，不同于一般的界画，即所谓“别成家数”。构图采用鸟瞰式全景法，真实而又集中概括地描绘了当时汴京城郊这一典型区域的情境。作者用传统的手卷形式，采用“散点透视法”组织画面。画面长而不冗，繁而不乱，严密紧凑，一气呵成。

张择端（北宋），绢本设色，纵 24.8 cm，横 528.7 cm

图 3-7　清明上河图（局部）

八、富春山居图

《富春山居图》是一幅“命途多舛”的山水长卷画，创作 600 多年以来风波不断：被抢、被偷、被烧成两段……被誉为“画中之兰亭”，属于国宝级文物。该图是黄公望为师弟郑樗所创，于1350年绘制完成，后几经易手，在清代顺治年间曾遭火焚，断为两段，前半卷被另行装裱，重新定名为“剩山图”，现藏浙江省博物馆，是浙江博物馆的“镇馆之宝”；后半卷，被称为“无用师卷”，现藏台北故宫博物院。2011 年，前后两段曾在台北故宫博物院首度“合璧”展出。

黄公望（元），纸本水墨，纵 33 cm，横 636.9 cm

图 3-8　富春山居图（局部）

九、汉宫春晓图

《汉宫春晓图》采用略高于建筑物的视角，将观者视线锁定于高处，以越过矮墙的方式，将庭院内的风光一一收入眼底。可以想见，随着观者将手卷缓缓打开，视线不断向左移动，由庭外渐入庭内，在没有活动影像的明代，可谓是一次相当真实的宫廷旅行。描绘宫廷仕女活动在中国古典绘画史上素有渊源，仇英作为吴门画派中的摹古高手，在此作中充分借鉴了前代绘画样式，同时糅合了当代的审美要素及细节。画面以建筑分隔空间，仕女活动于建筑内外。仇英擅长描绘建筑结构与奢华陈设，所绘建筑的结构绝非简单敷衍了事，而是完全合理可居的空间。仕女的衣冠服饰虽追摹唐宋，然而身形体态较为轻盈纤细，削肩长身，显得娇柔瘦弱，是明代所认可的美女的典型形象。这件作品是仇英的得意之作，在中国重彩仕女画中独树一帜，独领风骚。

仇英和沈周、文徵明、唐寅合称“明四家”，也称“天门四杰”。

仇英（明），绢本设色，纵30.6 cm，横574.1 cm

图3-9　汉宫春晓图（局部）

任务评价

主题	内容	优秀	良好	一般	较差	很差
学习态度	能准时参加全部课程学习，按时提交作业，及时查阅教师上传的学习资料	5	4	3	2	1
专业知识	掌握各幅作品特点	5	4	3	2	1
研讨精神	积极参与讨论，对其他人的发言能提出合理的分析和见解	5	4	3	2	1
团队协作	能很好地融入课堂，参与小组讨论，与小组成员共同推进学习进程	5	4	3	2	1
沟通交流	能够清晰准确地表达自己的观点，与他人交流时态度、语气恰当	5	4	3	2	1
人文素养	能树立勤奋好学、认真钻研的精神	5	4	3	2	1
信息素养	会检索国画知识和资料，主动学习相关知识	5	4	3	2	1
实践应用	能掌握各幅国画相关艺术品知识	5	4	3	2	1
自我小结						

任务二　音乐欣赏

任务描述

通过音乐欣赏,可以了解不同时代作曲家的生活背景、创作环境、艺术素养、音乐风格等,从音乐作品出发逐渐扩展知识的宽度。本任务共包含1个工作表单:小组唱歌比赛。

任务实施

工作表单

(1)学习欣赏歌曲的背景、主要片段,课后练习欣赏的歌曲片段;

(2)要求人人参与,4～6人为一个小组,以小组为单位上台进行展示交流;

(3)展示方式:领唱+合唱、男女分唱、轮唱等。

组名	展示方式	展示得分

学习支持

对于人来说，音乐是不可或缺的精神必需品。音乐鉴赏能力是核心的音乐素养之一，拥有优秀的鉴赏能力的人可以更加充分地感受音乐，理解音乐。

习近平总书记多次强调："用好红色资源，传承好红色基因，把红色江山世世代代传下去。"在中国共产党百年奋斗历程中，产生了很多脍炙人口、流传久远的"红色音乐"，反映了新中国各个历史时期的社会背景、时代特征和民族精神。

一、唱支山歌给党听

《唱支山歌给党听》是由姚筱舟（笔名蕉萍）作词，朱践耳谱曲的歌曲，该曲创作于1963年，最早由任桂珍演唱，后作为故事片《雷锋》的插曲由胡松华演唱，经藏族歌手才旦卓玛演绎后广泛流传。

音乐赏析

第一乐段四句歌词对应"起承转合"关系的乐句旋律，词曲同构，流露出民间歌谣的抒情特点。中等速度演唱，亲切抒发了主人公"把党比作母亲"的真挚情感。在同步对应第二段歌词之后，重复后两句歌词，推进音乐发展，直至第四个乐句以富有动力的节奏和积极向上的音调，将歌曲推向高潮，为主题再现做好和声准备。

第二乐段在体裁风格、规模容量、结构方式、节奏形式、音乐材料、速度及音区安排等方面，都与其前、后两部分形成鲜明对比。

第三乐段再现了第一段词曲，之后重复最后一句歌词作为结束句，整首歌在激昂、高亢的基调中结束。

二、英雄赞歌

《英雄赞歌》由公木作词，刘炽作曲，是电影《英雄儿女》的插曲，发行于1964年。2019年，该曲入选"庆祝中华人民共和国成立70周年优秀歌曲100首"。

音乐赏析

《英雄赞歌》通过对故事内外空间的巧妙处理，使之具有震撼人心的魅力。

全曲在稳健舒展的旋律进行中浸透着一种壮美；在不紧不慢的侃侃而谈里饱含着无限深情，呈现出主歌与副歌的二段体结构。

主歌从多角度、多侧面展现了英雄壮举，讴歌了英雄的伟大精神。后两句音程的跳跃和全曲最高音的行进，激情高亢。在此基础上，转入副歌。这个唱段呈现大气磅礴的颂歌气质，与前面民谣风格的曲调构成鲜明的对比，并推动歌曲达到高潮。由此，对英雄无比崇敬的感情得到了进一步抒发。其中一问一答形式的两句歌词，高度概括和有力升华了歌曲的主题。

三、我和我的祖国

《我和我的祖国》是由张藜作词、秦咏诚作曲、黄新国首唱的爱国主义歌曲，于1983年末创作，李谷一录制的版本流传较广。

音乐赏析

歌词以第一人称的手法诉说了“我和祖国”一刻也不能分离的心情，作者将“我”和“祖国”比喻为孩子和母亲，又将“祖国”和“我”比喻为大海和浪花，这两个具象而生动的比喻，准确又动情，表达了个人和祖国之间亘古不变的情感。秦咏诚在力求获得准确、生动的音乐形象的同时，十分懂得生活中的语言节奏与音乐中旋律节奏结合的规律，在使听众听得清、听得懂的基础上，保持了应有的线条美和律动美，从而创造了楚楚动人的音乐形象和丝丝入扣的情感表达。

《我和我的祖国》生动形象地表现了每个人和生他养他的祖国之间的血肉联系，在词曲结合上“恰到好处”，是一首具有永久魅力、深受人们喜爱的抒情歌曲。

四、在希望的田野上

《在希望的田野上》是由陈晓光作词、施光南作曲的歌曲，1981年该歌曲由中国广播合唱团与杨淑清共同演绎。2019年，该歌曲入选“庆祝中华人民共和国成立70周年优秀歌曲100首”。

音乐赏析

《在希望的田野上》是一首歌唱祖国繁荣富强的歌。歌词朴实，曲调优美，流畅上口，作者通过对家乡充满希望的田野的赞美，抒发了对美好生活的热爱，歌颂了新生活，歌颂了新时代。歌词把希望和未来巧妙地结合起来，既歌颂了改革开放以后的新变化、新面貌，又憧憬着富裕、兴旺而幸福的未来。

任务评价

主题	内容	优秀	良好	一般	较差	很差
学习态度	能准时参加全部课程学习，按时提交作业，及时查阅教师上传的学习资料	5	4	3	2	1
专业知识	了解和理解红色歌曲基本知识	5	4	3	2	1
研讨精神	积极参与讨论，对其他人的演唱能提出合理的分析和见解	5	4	3	2	1
团队协作	能很好地融入课堂，参与小组讨论，与小组成员共同推进学习进程	5	4	3	2	1
沟通交流	能够清晰准确地表达自己的观点，与他人交流时态度、语气恰当	5	4	3	2	1
人文素养	能正确掌握音乐鉴赏的基本理念，提高鉴赏能力	5	4	3	2	1
信息素养	会检索红色歌曲相关资料，主动学习相关知识	5	4	3	2	1
实践应用	能具备音乐的基本鉴赏能力	5	4	3	2	1
自我小结						

任务三　古代服饰

任务描述

中华文化博大精深、源远流长，古代服饰与中华传统文化之间有着密不可分的联系。本任务旨在让学生了解古代服饰的发展历程和审美意趣，共分为2个工作表单：

(1)中国古代服饰发展历程。

(2)中国古代服饰穿戴礼仪。

任务实施

工作表单1

通过阅读学习支持以及查找相关资料，小组讨论，总结我国古代服饰的发展历程。[①]

发展历程	商周	
	秦汉	
	魏晋	
	唐	
	宋、元	
	明	
	清	

①推荐阅读：《中国古代服饰研究》（沈从文编著）。

工作表单2

通过阅读学习支持以及相关资料，小组讨论，整理我国古代服饰的主要特点和历史影响。

特点	含义

学习支持

中国古代的服饰与礼仪是中国传统文化的瑰宝。在古代，人们对服饰的选择和对礼仪的遵守极为重要，因为服饰和礼仪不仅代表着一个人的身份和地位，更反映了整个社会的价值观和道德准则。

古代的服饰与礼仪有着密不可分的关系。服饰作为一种社会符号，不仅仅是外在的装饰品，更是彰显身份和地位的象征。古代人们通过服饰来展示自己的社会地位和身份，以便别人对自己有所认识和尊重。

同时，服饰也是礼仪的重要组成部分。在中国古代的礼仪体系中，人们在进行各种仪式和社交活动时，必须穿戴相应的服饰，以示尊重和礼貌。比如，宫廷会见、婚礼、葬礼等场合，参与者必须穿戴相应的特定服饰。

我国古代服饰的主要特点：

1. 交领右衽

交领右衽是我国汉族传统服饰标志性特点。衽，本义衣襟。衣服前襟向右掩，为右衽；前襟向左掩为左衽。我国古代一些少数民族服装即为左衽。

图 3-10　交领右衽

2. 上衣下裳

“上衣下裳”——上穿衣下穿裳，裳即裙。上衣下裳是华夏文明中服饰礼仪最早的服装形制之一。上衣下裳代表天地阴阳。

图 3-11　上衣下裳

3. 圆袖交领

古代中国人普遍认为，天是圆的，而地是方的。汉服的袖子一般为圆袖，意为天道圆润。圆袖交领代表天圆地方。

图 3-12　圆袖交领

4. 中缝垂带

汉服深衣在其衣裳背部的正中间，有一条贯穿首尾的缝合的线，叫作“中缝”。站直时，中缝垂直于地面，古人谓之为：正直。中缝垂带代表人道正直。

图 3-13　中缝垂带

任务评价

主题	内容	优秀	良好	一般	较差	很差
学习态度	能参加全部课程学习，及时查阅学习资料，按时完成工作表单任务	5	4	3	2	1
专业知识	对我国古代服饰演变有一定了解，明白服饰与礼仪的关系和其中的含义	5	4	3	2	1
研讨精神	积极参与讨论，对其他人的发言能提出合理的分析和见解	5	4	3	2	1
团队协作	能很好地融入课堂小组讨论和实践中，与小组成员共同推进学习进程	5	4	3	2	1
沟通交流	能够清晰准确地表达自己的观点，与他人交流时态度、语气恰当	5	4	3	2	1
人文素养	了解我国古代服饰的演变脉络，对古代服饰有一定的审美常识	5	4	3	2	1
信息素养	会检索服饰赏析相关资料，主动学习相关知识	5	4	3	2	1
实践应用	能掌握古代服饰穿戴规范	5	4	3	2	1

自我小结

小结

本模块通过鉴赏国画、音乐和古代服饰，让大学生掌握其中所蕴含的历史文化和审美意蕴，增强大学生对中国传统文化知识的认识和了解，激发大学生对传统文化的热爱与传承，领略华夏礼仪之邦的非凡风采，达到美育的基本目标。

我的______月总结汇报

姓名______________ 学号______________ 班级______________

思想：

学习：

生活：

模块四

劳动教育

学习目标

知识目标

1. 知道劳动、劳动教育的概念，把握劳动精神、奋斗精神、劳模精神、工匠精神的实质、内涵及当代价值。

2. 理解家庭、校园、社会劳动的价值和意义。

3. 熟悉劳动过程中的劳动技能、安全意识、劳动纪律及劳动法律法规。

技能目标

1. 能够对寝室进行布置。

2. 掌握垃圾分类的标准。

3. 能够遵守劳动纪律，懂得劳动过程中的注意事项。

素质目标

1. 懂劳动之义、明劳动之理，继承和发扬中华民族艰苦奋斗、热爱劳动的优良传统。

2. 在日常生活、工作中自觉弘扬劳模精神、工匠精神，自觉争当“劳模”，自觉传承工匠精神。

20______年　　　　　　　　　　　　　　　　第______周

日　期	星　期	日程安排	
____月____日	一	课内	
		课外	
____月____日	二	课内	
		课外	
____月____日	三	课内	
		课外	
____月____日	四	课内	
		课外	
____月____日	五	课内	
		课外	
____月____日	六	课内	
		课外	
____月____日	日	课内	
		课外	

20______年　　　　　　　　　　　　　　　　　　　　第______周

日　期	星　期	日程安排	
____月____日	一	课内	
		课外	
____月____日	二	课内	
		课外	
____月____日	三	课内	
		课外	
____月____日	四	课内	
		课外	
____月____日	五	课内	
		课外	
____月____日	六	课内	
		课外	
____月____日	日	课内	
		课外	

20______年　　　　　　　　　　　　　　　　　　　　第______周

日　期	星　期	日程安排	
____月____日	一	课内	
		课外	
____月____日	二	课内	
		课外	
____月____日	三	课内	
		课外	
____月____日	四	课内	
		课外	
____月____日	五	课内	
		课外	
____月____日	六	课内	
		课外	
____月____日	日	课内	
		课外	

20______年　　　　　　　　　　　　　　　　　　第______周

日　期	星　期	日程安排	
____月____日	一	课内	
		课外	
____月____日	二	课内	
		课外	
____月____日	三	课内	
		课外	
____月____日	四	课内	
		课外	
____月____日	五	课内	
		课外	
____月____日	六	课内	
		课外	
____月____日	日	课内	
		课外	

任务一 强化劳动观念，弘扬劳动精神

任务描述

通过开展“文明寝室，我来建”行动，让大学生对寝室进行布置，积极参与市（校）文明寝室评选，力求营造温馨、和谐、平安的生活环境；在日常生活中，领悟劳动的意义和价值，形成勤俭、奋斗、创新、奉献的劳动精神。本任务共1个工作表单：完成寝室布置，并撰写心得体会。

任务实施

工作表单

完成文明寝室布置，并撰写心得体会。

学习支持

《现代汉语词典》(第七版)对“劳动”的解释是“人类创造物质或精神财富的活动”。《资本论》在阐述“劳动过程”的时候指出:“劳动力的使用就是劳动本身。劳动力的买者消费劳动力,就是叫劳动力的卖者劳动。劳动首先是人和自然之间的过程,是人以自身的活动来引起、调整和控制人和自然之间的物质变换过程。”劳动分为脑力劳动和体力劳动。请同学们通过学习20世纪60年代在大庆石油会战中涌现出的“最美奋斗者”王进喜的感人事迹体会劳模精神、奋斗精神的内涵及当代价值。

1960年春天,一场规模空前的石油大会战在大庆展开,王进喜从西北的玉门油田率领1205钻井队赶来,加入了这场石油大会战。一到大庆,呈现在王进喜面前的是许多难以想象的困难:没有公路、车辆不足、吃喝住都成问题。但王进喜和他的同事下定决心——即使有天大的困难也要高速度、高水平地拿下大庆油田。

图4-1　铁人——王进喜雕像

在困难面前,王进喜带领全队靠人拉肩扛,把钻井设备运到工地,以“宁可少活二十年,拼命也要拿下大油田”的顽强意志和冲天干劲,苦干5天5夜,打出了大庆第一口喷油井。在那些日子里,王进喜身患重病也顾不得到医院去看,钻井砸伤了脚,他拄着双拐指挥,油井发生井喷,他奋不顾身跳进泥浆池,用身体搅拌重晶石粉,被人们誉为“铁人”,在大庆油田工作的十年中,他为我国石油事业立下汗马功劳,曾获“全国劳动模范”“最美奋斗者”“100位新中国成立以来感动中国人物”等光荣称号,他身上体现出的“铁人精神”,激励了一代代石油工人。

习近平总书记在致大庆油田发现60周年的贺信中指出:“大庆油田的卓越贡献已经镌刻在伟大祖国的历史丰碑上,大庆精神、铁人精神已经成为中华民族伟大精神的重要组成部分。”

任务评价

主题	内容	优秀	良好	一般	较差	很差
学习态度	能准时参加课程学习，以寝室为单位按时提交建设方案并付诸实施	5	4	3	2	1
专业知识	了解和掌握文明寝室评选标准，知晓劳模精神的本质和核心	5	4	3	2	1
团队协作	能很好地融入文明寝室建设，共同推进共建、共享	5	4	3	2	1
沟通交流	积极讨论方案制订，参与讨论“铁人精神”对当代大学生的积极影响，能够清晰准确地表达自己的观点，与他人交流时态度、语气恰当	5	4	3	2	1
人文素养	具有爱岗敬业、精益求精、持之以恒的专注精神与学习态度，有意识地树立文明修身的观念，形成良好行为习惯	5	4	3	2	1
实践应用	能成为当代大学生践行劳模精神的先行者	5	4	3	2	1
自我小结						

任务二　继承优良传统，彰显时代特征

任务描述

以班级为单位，分小组开展“校园美化，我参与”行动，通过校园除草、打扫教室、清理过道垃圾等集体劳动，让学生亲历实际的劳动过程，注重运用所学知识解决实际问题，提高劳动质量和效率。本任务有1个工作表单：撰写劳动实践策划书。

任务实施

工作表单

请同学们本月参与集体劳动至少1次（如校园除草、打扫教室、清理过道垃圾等），并以小组为单位撰写一份可实施的劳动实践策划书。

活动主题	
活动背景	
活动时间及地点	
活动过程	
注意事项	

学习支持

劳动教育是指学生在学习系统的文化知识之外，有目的、有计划地组织参加日常生活劳动、生产劳动和服务性劳动，动手实践、出力流汗，接受锻炼、磨炼意志，形成正确劳动价值观和良好劳动品质的过程。

劳动教育是国民教育体系的重要内容，是学生成长的必要途径，具有树德、增智、强体、育美的综合育人价值。2020年3月《中共中央 国务院关于全面加强新时代大中小学劳动教育的意见》指出：劳动教育是中国特色社会主义教育制度的重要内容，直接决定社会主义建设者和接班人的劳动精神面貌、劳动价值取向和劳动技能水平；家庭要发挥在劳动教育中的基础作用，学校要发挥在劳动教育中的主导作用，社会要发挥在劳动教育中的支持作用。

请同学们通过学习“全国模范教师”汪昌祥的感人事迹①体会家庭劳动、校园劳动、社会劳动的价值意义。

1974年，初中毕业的汪昌祥毅然回到家乡——湟中县拦隆口镇尼麻隆村任民办教师。尼麻隆村四面环山，十分偏僻，是个小山村。由于村子小，学生少，这里的学校是一个只有两名教师的教学点。当时的教学条件很差，老师学生都挤在用竹帘隔开的昏暗狭小的教室里，用泥土砌成的土台子就是学生的凳子，几块木板一拼便是课桌了。这样艰苦的教学和生活环境，让汪昌祥更加明白：要想改变山村贫困的现状，就必须让村子里的孩子们上学，走出大山。

20世纪80年代初期，外出打工成为农村人挣钱致富的新捷径，人们纷纷外出挣钱。汪昌祥家庭经济条件不好，他当民办教师每月只有30多元的工资，家里花销常常捉襟见肘。一天，他终于怀着恋恋不舍的心情离开了学校，跟着乡亲们外出打工，几天就挣了他在学校一个月的工资。干了一星期后，每当晚上休息时，汪昌祥就会情不自禁地想起学校里那些渴望知识而“嗷嗷待哺”的孩子，经过深思熟虑，他还是回到了学校。因为他坚信：只有教育出更多的优秀人才，贫困山村才能改变贫穷落后的面貌。作为一名普普通通的乡村教师，汪昌祥最欣慰的是：40多年来的教育生涯，培养出了一批批合格的学生。不足450人的尼麻隆村先后有65名学生考入北京工业大学、上海电力大学、武汉大学等等，其中不乏各行各业的佼佼者。汪昌祥深信：知识改变命运，这些孩子将来也能改变家乡的贫困面貌。身患胃癌多

①引自：万玛加，永不褪色的旗帜——记青海省西宁市湟中县拦隆口镇尼麻隆村退休乡村教师汪昌祥，光明日报，2017年05月24日06版.

年来，他仍执着坚守在乡村教学的第一线，始终坚定“只要活着一天就要为村里的孩子当好一天教师”的信念，用自己的生命燃起大山深处那簇最明亮的烛光。他先后荣获西宁市劳动模范、“全国启功教师奖”和“特别关注乡村最美教师”等诸多荣誉称号。

劳动教育的意义不仅在于培养学生的劳动技能和习惯，更在于通过劳动教育促进学生德智体美劳的全面发展，帮助学生树立正确的世界观、人生观和价值观。

拓展知识

生活垃圾分类

1. 可回收物

纸类（报纸、传单、杂志、旧书、纸板箱等）、金属（铁、铜、铝等制品）、玻璃（玻璃瓶罐及其他玻璃制品）、除塑料袋外的塑料制品（泡沫塑料、塑料瓶、硬塑料等）、未污染的纺织物、电子电器产品、纸塑铝复合包装（牛奶盒等）、饮料瓶（可乐罐、塑料饮料瓶、啤酒瓶）等。

2. 有害垃圾

废弃的充电电池、纽扣式电池、荧光灯管（日光灯管、节能灯等）、温度计、药品、杀虫剂、胶片及相纸、废药品等。

3. 厨余垃圾

剩菜、剩饭、蛋壳、瓜果皮核、茶渣、骨头等。

4. 其他垃圾

受污染与无法再生的纸张（纸杯、照片、复写纸、明信片、相册、卫生纸等）、受污染或其他不可回收的玻璃、塑料袋与其他受污染的塑料制品、女性卫生用品、一次性餐具等。

任务评价

主题	内容	优秀	良好	一般	较差	很差
学习态度	能准时参加课程学习,小组按时提交劳动实践策划书,认真完成劳动任务	5	4	3	2	1
专业知识	掌握垃圾分类的标准	5	4	3	2	1
研讨精神	积极参与案例讨论,并通过案例能够分析故事背后所蕴含的精神	5	4	3	2	1
团队协作	能很好地参与集体劳动,团结协作,共同完成劳动任务	5	4	3	2	1
沟通交流	能够与小组成员交流沟通,分工明确,效率较高	5	4	3	2	1
人文素养	能够树立劳动最光荣、劳动最崇高、劳动最伟大、劳动最美丽的思想观念	5	4	3	2	1
实践应用	能积极主动完成劳动任务,综合表现较好	5	4	3	2	1
自我小结						

任务三　发挥主体作用,激发创新创造

任务描述

通过组织开展“技术服务,我主动”专业服务社会实践劳动以及技能竞赛,夯实学生专业技能,使大学生养成认真负责的劳动态度,体认劳动不分贵贱,行行都能出状元。本任务共分为2个工作表单:

(1)参加专业服务社会实践劳动,撰写心得体会。

(2)参加技能大赛(或创新创业大赛),提交参与计划。

任务实施

工作表单1

参与专业服务社会实践劳动2次及以上(如家电维修、汽车保养与维修、家庭装饰、幼儿保育等),撰写一份完整的心得体会。

主　题	
活动过程	
收获	

工作表单2

参与技能大赛(或创新创业活动)1次及其以上,提交一份参与计划书(格式自拟)。

学习支持

劳动技能是指岗位在生产过程中对劳动者素质方面的要求,主要反映岗位对劳动者技能要求的程度,包括人的体力能力、智力能力和心理能力。体力能力是其他能力要素形成与发挥的基础,智力能力是劳动技能的核心,心理能力对其他技能的形成与发挥起到推动或阻碍的作用。劳动者须通过各种途径提升自身的劳动技能,以适应社会发展对劳动者劳动能力的要求。《中华人民共和国劳动法》第六十六条规定:"国家通过各种途径,采取各种措施,发展职业培训事业,开发劳动者的职业技能,提高劳动者素质,增强劳动者的就业能力和工作能力。"因此,同学们须发挥主观能动性,充分利用在校上课学习的机会,掌握扎实的理论知识,通过各种校内外实践活动,掌握娴熟的专业技能。下面请同学们通过学习第45届世界技能大赛冠军梁攀老师的故事①,激励自己,钻研技术,提升能力,为就业做好准备。

①引自:第25届"中国青年五四奖章"获奖者(重庆)梁攀事迹简介[N].重庆日报,2021-05-04(003).

2019年8月27日，梁攀同志身披五星红旗站在第45届世界技能大赛冠军领奖台上，捧回中国电子技术项目首枚金牌。不负嘱托，技能报国，是他实践不忘初心，不懈奋斗，实现中国梦的最好佐证。7年前，中考失利，他开始跟着亲戚四处打工，打工经历和接踵而至的家庭变故，迫使他重新思考人生。进入技工学校“充电”是他人生的重要转折点。他从电子技术门外汉，到全国选拔赛与国家集训第一名，成为国家队正式选手，再到世赛冠军。他深信：“没有百分之百的成功，但要百分之百的努力。”历经七年，心怀梦想，一路追光，这是金牌与荣耀的故事，也是他用奋斗定义人生价值，在奔跑中抵达远方的故事。

安全意识是人们在生产活动中，对各种各样可能对自己或他人造成伤害的外在环境条件的一种戒备和警觉的心理状态。同学们在提升自身专业技能，甚至未来走向工作岗位的同时，要始终坚守“安全第一”的原则，遵纪守法，做一个合格的时代新人。《中华人民共和国劳动法》第五十二条规定：“用人单位必须建立、健全劳动安全卫生制度，严格执行国家劳动安全卫生规程和标准，对劳动者进行劳动安全卫生教育，防止劳动过程中的事故，减少职业危害。”第五十六条规定：“劳动者在劳动过程中必须严格遵守安全操作规程。”

“安全第一”是做好一切工作的试金石，是落实“以人为本”的根本措施。坚持安全第一，就是对国家负责，对企业负责，对人的生命负责。

知识拓展

与“劳动”相关的法律法规（部分）

(1)《中华人民共和国劳动法》

(2)《中华人民共和国劳动合同法》

(3)《中华人民共和国劳动争议调解仲裁法》

(4)《中华人民共和国安全生产法》

(5)《中华人民共和国国家安全法》

(6)《中华人民共和国网络安全法》

(7)《劳动保障监察条例》

(8)《女职工劳动保护特别规定》

任务评价

主题	内容	优秀	良好	一般	较差	很差
学习态度	能准时参加课程学习，积极主动参加各级各类技能比赛	5	4	3	2	1
专业知识	了解和掌握专业技能比赛所需的劳动技能	5	4	3	2	1
研讨精神	组建参赛小组，积极研讨比赛内容，积极参赛	5	4	3	2	1
团队协作	能很好地参加实践教学，自觉主动，项目完成效果较好	5	4	3	2	1
沟通交流	能够主动参与实践项目及比赛，项目完成效果好	5	4	3	2	1
人文素养	培育不断探索、精益求精、追求卓越的工匠精神和爱岗敬业的劳动态度	5	4	3	2	1
实践应用	能够在学习和借鉴他人丰富经验、高超技艺的基础上，尝试新方法，探索新技术	5	4	3	2	1
自我小结						

小结

通过劳动教育，学生能够理解和形成马克思主义劳动观，牢固树立劳动最光荣、劳动最崇高、劳动最伟大、劳动最美丽的观念；体会劳动创造美好生活，体认劳动不分贵贱，热爱劳动，尊重普通劳动者，培养勤俭、奋斗、创新、奉献的劳动精神；具备满足生存发展需要的基本劳动能力，形成良好劳动习惯。

我的______月总结汇报

姓名______________ 学号______________ 班级______________

思想：

学习：

生活：

05

模块五

健康教育

学习目标

知识目标

1. 了解常见疾病及其预防方法。
2. 知道常见疾病预防的重要性及其措施。

技能目标

1. 认识水银血压计,并能正确地使用。
2. 能够识别常见疾病的症状,并且能够正确采取初步处理措施。
3. 能根据膳食宝塔与能量补充原则制订营养膳食计划。

情感目标

1. 增强健康意识,提升健康水平。
2. 养成良好的生活习惯,珍惜生命。

20______年　　　　　　　　　　　　　　　　　　　　第______周

日　期	星　期	日程安排
____月____日	一	课内
		课外
____月____日	二	课内
		课外
____月____日	三	课内
		课外
____月____日	四	课内
		课外
____月____日	五	课内
		课外
____月____日	六	课内
		课外
____月____日	日	课内
		课外

20______年　　　　　　　　　　　　　　　　　　第______周

日　期	星　期	日程安排
____月____日	一	课内 课外
____月____日	二	课内 课外
____月____日	三	课内 课外
____月____日	四	课内 课外
____月____日	五	课内 课外
____月____日	六	课内 课外
____月____日	日	课内 课外

20______年　　　　　　　　　　　　　　　　　　第______周

日　期	星　期	日程安排
____月____日	一	课内 课外
____月____日	二	课内 课外
____月____日	三	课内 课外
____月____日	四	课内 课外
____月____日	五	课内 课外
____月____日	六	课内 课外
____月____日	日	课内 课外

20______年　　　　　　　　　　　　　　　　　第______周

日　期	星　期	日程安排
____月____日	一	课内
		课外
____月____日	二	课内
		课外
____月____日	三	课内
		课外
____月____日	四	课内
		课外
____月____日	五	课内
		课外
____月____日	六	课内
		课外
____月____日	日	课内
		课外

任务一　常见疾病及其预防

任务描述

当代部分大学生健康意识淡薄，生活作息不规律，身体素质下降，面临各种各样亚健康问题，而许多原本的“老年病”也趋于年轻化。因此，大学生须增强防病意识，掌握常见疾病的预防措施，提高防控传染病和慢性非传染性疾病的能力。本任务共分为2个工作表单：

(1)组建学习小组，建立“学习积分卡”。

(2)了解一种常见疾病。

任务实施

工作表单1

自由组合，以4~5人为标准组建学习小组，共同商议、提出富有创意的学习小组名称，并推选一位组长，为各位组员建立“学习积分卡”。

学习小组名称	学习积分卡	
	组员	分数

工作表单2

各小组进行人员分工，每位同学阅读学习支持及相关文献了解一种常见疾病，然后交流所学知识。

疾病名称	临床表现	预防措施

学习支持

一、流行性感冒

1.病原学

流感病毒根据其内部及外部抗原结构不同，分为甲、乙、丙3型。甲型流感病毒可感染多种动物，为人类流感的主要病原。流感病毒的最大特点是易于发生变异，常见于甲型。主要的变异形式有两种，相对变化小的称抗原漂移，变化较大的为抗原转换。抗原漂移出现频率较高，且有逐渐累积效应，当达到一定程度后可形成新的流行株，人群对之不再具有免疫力，即出现新的暴发流行。抗原转换变异较大，通常产生新的强毒株引起大流行，所幸其发生频率较低，发生亦很缓慢。流感病毒不耐热，对紫外线及常用消毒剂均很敏感；但对于干燥及寒冷有相当耐受力，能在真空干燥或-20 ℃以下的条件下长期保存。

2.临床表现

潜伏期为1~3天。流感的症状通常较普通感冒重，主要表现为突然起病的高热、寒战、头痛、肌痛、全身不适。上呼吸道卡他症状相对较轻或不明显，少数病例可有腹泻水样便。发热3~5天后消退，但患者仍感明显乏力。

3.预防

平时加强身体锻炼，集体生活时不圈养宠物，保持室内空气流通。在流感流行时，应尽可能隔离患者，加强环境消毒，减少公众集会及集体娱乐活动，外出戴口罩。

二、急性胃肠炎

1.病原学

急性胃肠炎，多数是由于进食被细菌或细菌毒素所污染的食物、瓜果和水。其致病菌主要是沙门氏菌属及嗜盐菌。毒素主要是金黄色葡萄球菌毒素，偶见肉毒杆菌毒素。

2.临床表现

起病急，症状轻重不一，开始上腹不适或疼痛，继而出现恶心、呕吐和腹泻，呕吐物最初是胃内的食物残渣，继之可吐出黄绿色胆汁。大便呈水样，深黄或黄绿色，含有不消化的食物，腹泻严重时可有发热、脱水或出现休克，肠鸣音亢进。

3.预防

注意饮食卫生，不吃不洁或疑被污染的食物，不吃腐败变质或超过保存期的食物，不宜吃半生不熟的鱼虾或各种肉类。平时要注意食具的消毒，养成良好的卫生习惯，如饭前便后洗手。

三、病毒性心肌炎

1.病原学

病毒性心肌炎是由病毒引起的心肌及心肌内小血管的炎性病变，常导致心肌功能紊乱。病毒性心肌炎约占心肌炎的半数，近年来本病发病率有增高趋势，可由多种病毒如柯萨奇B组病毒、孤儿病毒等引起。

2.临床表现

病毒性心肌炎患者约半数于发病前1~3天有病毒感染前驱症状，如发热、全身乏力、恶心、呕吐，然后出现心悸、胸痛、呼吸困难、浮肿等。查体可见与发热程度不平行的心动过速、心律失常。听诊可听到第三心音或杂音。或有颈静脉怒张、肺部湿啰音、肝大等心力衰竭体征。重症可出现心源性休克体征。

3. 预防

应加强体质锻炼，增强机体抗病的免疫力。预防上呼吸道感染，戒烟酒。若感冒后出现心悸、气短、心律不齐，应及时就医，以便早诊断、早治疗。

四、急性阑尾炎

1. 病原学

急性阑尾炎主要是阑尾腔梗阻，组织血流障碍，细菌入侵而引起发病。

2. 临床表现

阑尾炎发病时往往先以上腹部或脐周疼痛开始，经数小时后疼痛转移而固定于右下腹部，患者常伴有恶心、呕吐，或有发热、便秘、腹泻。

3. 预防

平时要加强身体锻炼，饭后不要马上做剧烈运动。慢性阑尾炎应适时手术治疗。

五、肺结核

1. 病原学

结核病是由结核分枝杆菌引起的慢性传染病，可侵及许多脏器，以肺部受累形成肺结核最为常见。排菌患者为其重要的传染源。本病的基本病理特征为渗出、干酪样坏死及其他增殖性组织反应，可形成空洞。除少数起病急骤外，临床上多呈慢程。出现低热、消瘦、乏力等全身症状与咳嗽、咯血等呼吸系统表现。近十年来，我国在结核病防治上取得了长足的进展，结核病发病率下降25%。《中国学校结核病防控指南》(2020年)指出：我国学生肺结核报告发病率约为全人群的1/3，整体呈下降趋势。

2. 临床表现

典型肺结核起病缓慢，病程较长，有低热、疲倦、食欲不振、咳嗽及小量咯血。多数患者病灶轻微，无显著症状，但会通过呼吸道传播。

3. 预防

控制传染源、切断传播途径、增强免疫力及降低易感性等措施，是控制结核病流行的基本原则。平时要加强运动，注意个人生活习惯，不混用私人物品，如水杯、餐具等。

六、病毒性肝炎

1.病原学

病毒性肝炎是由多种肝炎病毒引起的，以肝脏炎症和坏死病变为主的一组传染病。主要通过血液、体液传播。

2.临床表现

临床上以疲乏、食欲减退、肝大、肝功能异常为主要表现，部分病例出现黄疸。按病原分类，目前已确定的病毒性肝炎共有5型，其中甲型和戊型主要表现为急性肝炎，乙、丙、丁型主要表现为慢性肝炎，并可发展为肝硬化和肝细胞癌。其中甲型和乙型肝炎是高校学生中常见的传染病，严重威胁和影响大学生的学习、身体健康和就业。

3.预防

控制传染源，切断传播途径，加强个人卫生，主动接种疫苗。

七、新型冠状病毒感染

1.病原学

新型冠状病毒感染是一种急性传染性疾病，其病原体是一种先前未在人类中发现的新型冠状病毒，即2019新型冠状病毒，新型冠状病毒可在复制过程中不断适应宿主而产生突变。

2.临床表现

新型冠状病毒感染者的临床表现为：以发热、乏力、干咳为主要表现，鼻塞、流涕等上呼吸道症状少见，会出现缺氧、低氧状态。约半数患者在1周后出现呼吸困难，严重患者快速进展为急性呼吸窘迫综合征、脓毒症休克、难以纠正的代谢性酸中毒和出现凝血功能障碍。重症、危重症患者病程中可为中低热，甚至无明显发热。部分患者起病症状轻微，可无发热，多在1周后恢复。多数患者预后良好，少数患者病情危重，甚至死亡。

3.预防

(1)佩戴口罩。一般推荐医用外科口罩，普通一次性口罩的防护效果不好。

(2)注意勤洗手。用肥皂洗手，也可选用杀菌消毒液洗手。如果没有及时洗手的条件，污染的手要禁止触摸口、鼻、眼睛等皮肤黏膜部位。

(3)在家庭环境中，要定时开窗通风。可用含氯的消毒剂或者75%的酒精进行物体表面的擦拭。注意：使用酒精时远离明火。

知识拓展

吸烟对人体的健康影响

烟草燃烧所产生的烟雾是由7000多种化合物所组成的复杂混合物，其中气体占95%，如一氧化碳、挥发性亚硝胺等，颗粒物占5%，包括半挥发物及非挥发物，如烟焦油、尼古丁等。这些化合物绝大多数对人体有害，其中至少有69种为已知的致癌物，如多环芳烃、亚硝胺等，尼古丁是引起成瘾的物质。

肺损伤，吸烟会使支气管上皮细胞的纤毛变短，降低肺部抵抗力，因而易发生感染。与此同时，抽烟削弱了巨噬细胞的作用，从而可能诱发肺癌。

诱发癌症，吸烟产生的毒素可抑制T淋巴细胞增多，进而导致NK细胞活性下降、免疫功能下降、抵抗癌变细胞的能力减弱，癌变细胞得不到及时清除，长期积累可形成癌变。

脑损伤，吸烟可导致脑血管出血和阻塞，从而导致麻痹、智力衰退和中风。

口腔疾病，香烟中的焦油和烟雾产生的热量可使唾液腺发炎，使味蕾受损，味觉和嗅觉都大大下降。

胃损伤，吸烟刺激神经，加快唾液和胃液的分泌，使胃肠出现紧张状态，导致吸烟者食欲不振。此外，香烟中所含的烟碱可使胃肠黏膜血管收缩，也可引起食欲减退。

全身骨骼的损害，尼古丁令血管收缩，降低了流到新生骨骼的血量。吸烟时吸入的一氧化碳，亦同时降低进入身体的氧气比率。

肝脏损害，吸烟会加重肝脏负担，经常抽烟会影响肝脏的脂质代谢，令血液中脂肪增加，良性胆固醇减少，恶性胆固醇增加，给肝脏的解毒功能增加负担。

肠损害，患结肠癌的概率与吸食烟草的分量成正比。研究显示停止吸烟虽然可以降低其他疾病如心脏病、肺癌等的概率，但患上结肠癌的风险仍然非常大。

生殖系统损害，吸烟对脊髓的神经中枢起抑制作用，使男人欲望变弱。

任务评价

主题	内容	优秀	良好	一般	较差	很差
学习态度	能准时参加全部课程，按时提交作业，及时查阅教师上传的学习材料	5	4	3	2	1
专业知识	掌握常见疾病基础知识，了解常见疾病的预防措施	5	4	3	2	1
研讨精神	积极参与讨论，对其他人的发言能提出合理的分析和见解	5	4	3	2	1
团队协作	能很好地融入课堂，参与小组讨论，与小组成员共同推进学习进程	5	4	3	2	1
沟通交流	能够清晰准确地表达自己的观点，与他人交流时态度、语气恰当	5	4	3	2	1
人文素养	能够关注医学人文知识，有意识地增强健康意识	5	4	3	2	1
信息素养	会检索常见的医学专业文献数据库，主动阅读医学文献	5	4	3	2	1
实践应用	能区别青少年特殊生理现象与一些常见疾病；能独立照护自己	5	4	3	2	1

自我小结

任务二　心理健康

任务描述

大学阶段是一个人的生理和心理迅速发展的时期，由于生活环境、学习特点、人际关系等因素的改变，许多大学生都表现出对大学生活的不适应，有的甚至出现心理障碍，严重影响自己与他人的生活和学习。学生通过本任务的学习，学会正确认识自我，正确认识周围环境，掌握心理调适的方法。本任务共分为2个工作表单：

（1）结合案例，完成小组讨论。

（2）结合自身实际情况和所学知识，拟定大学期间想要达到的目标。

任务实施

工作表单1

案例讨论：

高中阶段，小美在家人的保护和照顾下，"失去"了生活自理的能力。进入大学后，没有了父母的帮助，小美惊慌失措，不知道什么时候该换袜子、该洗衣服，生活一片狼藉。刚开始时，室友还经常指导她，可是时间长了，大家也渐渐失去了耐心。为此，她经常哭泣，希望家长来陪读。

小组讨论：

小美遇到的困惑是什么？	
大学新生还有哪些困惑？	
该如何摆脱这些困惑呢？	

工作表单2

请在下表中写下你在大学期间想要达到的5个目标，然后思考确定该目标的理由，再按照重要程度从高到低排列出这些目标。

序号	在大学期间想要达到的5个目标	确定该目标的理由	此目标的重要性
1			
2			
3			
4			
5			

根据你确定的目标，在权衡个人特点和外部条件后，列出目标实现过程中的有利条件和不利条件，然后思考你的对策或措施，将行动的结果记录下来。

目标	有利条件	不利条件	对策	实施结果
1				
2				
3				
4				
5				

学习支持

一、大学生社会适应的基本内容

1.环境适应

社会环境分为物理环境和心理环境。物理环境指地理位置、光线、温度等自然条件及人工营造的各种设施和建筑物等构成的物质系统，如校园环境、住宿环境和所在城区环境等。心理环境指对心理产生实际影响的社会因素的总和，主要包括历史传统、文化习俗、语言环境、生活方式和社会关系等。对大学生而言，良好的社会环境适应主要体现为具有生活自理能力，能独立安排和完成自己的日常生活事务；同时，能迅速克服对新环境的陌生感，完成生活方式的转变，融入新的生活环境。

2.角色适应

社会角色是指由特定的社会地位所决定的符合社会期望的行为模式，是社会关系的反映。大学生的社会角色适应要求大学生认清高中生与大学生的角色区别，掌握不同角色行为规范，顺利实现中学生到大学生的角色转换。

3.活动适应

社会活动是指以群体形式在各种社会关系中发生的行为。在大学生活中，社会活动适应能力指通过对各种活动规则的掌握，能够迅速对新的社会活动进行协调的能力。大学生需要在活动中发展和形成新的学习能力、人际交往能力、工作能力、休闲能力以及与上述社会活动相关的认知能力、应激能力、实践能力等。

二、大学生适应问题的应对策略

1.适应学校环境及管理方式

大学生进入大学校园，首先要做的就是熟悉自己周围的环境，包括生活和学习两个方面。在生活方面，了解和熟悉学校地理位置和校园环境，解决上课、住宿、吃饭、购物、乘车等生活问题。大学生要尽快摆脱以前饭来张口、衣来伸手的思想，要学会自己的事情自己做。在学习方面，要知道大学的学习生活和中学学习生活的区别所在，变被动学习为主动学习，提高自己各方面的能力。

在大学，学校、系部、各职能部门等都直接参与学生管理，包括学习、生活等各个方面。大学生要明确学校的各项规章制度，养成良好的行为习惯，学会做人，学会做事。同时,要清楚出现问题和困难该找谁反映、请求谁的帮助。

2.正确定位并确立奋斗目标

在中学,几乎所有的学生都有一个终极目标——考上大学。考上大学后,部分学生因"补偿中学失去的快乐"而放纵自己,进而失去了奋斗的目标。在大学阶段,大学生一定要对自己以后的发展有一个明确的规划,确立奋斗的目标,并为了实现这个目标而不懈努力。

进入大学后,大学生需要重新认识自己,重新定位,既不妄自尊大也不妄自菲薄,客观地评价自己;正确地通过比较,发现自己的优势和不足,找准自己的位置,使理想自我与现实自我趋于一致。

3.正确认识大学的学习特点

大学生要改变一切依赖老师的心理,调整状态,积极摸索适合自己的学习方法,培养自学能力。大学学习是很灵活的,要合理安排自习时间,把握进度,提高学习效率。大学生在学习中遇到问题要善于思考,多参考相关书目,形成个人的见解,尤其要学会利用大学里的各种学习资源,如图书馆与学术报告等。

4.积极参加学校组织的各种活动

大学里衡量一个人的标准是多方面的,学习成绩不再是唯一的标准,新时代对大学生的要求更注重各方面的综合能力和素质。大学生要在学习与有意义的活动之间找到平衡,在学校的学生组织、社团活动、文化娱乐等活动中锻炼各方面能力,发掘自身潜力。

5.建立和保持和谐的人际关系

和谐的人际关系是大学生心理健康的标准之一。同学关系是大学里最重要的人际关系,同学之间会产生深刻的影响。和谐融洽的同学关系能够使双方心理上产生安全感与归属感。每个人都有不同的个性与生活方式,同学之间可能会产生摩擦,这时最重要的是平等相处、相互尊重,学会体谅与沟通。例如,新生宿舍各同学作息习惯不一致,有人喜欢晚间活动,有人有点动静就难以休息,但经过一段时间的磨合与沟通,大家就会形成比较一致的生活规律,在生活中相互照顾、相互体谅。

与老师和长辈的交往能增加人生阅历,汲取人生的宝贵经验与知识,摆脱幼稚。因此,在大学里,要学会与老师、辅导员等人相处,在相处中要特别注意对他们的尊重。

6.培养独立生活的能力

大学生要摆脱事事依赖他人的习惯，在大学这个脱离家庭的环境里有意锻炼自己独立处理生活中遇到的难题、独立做出抉择与判断的能力。

大学里一般都设有心理健康咨询机构，专为同学排忧解难。大学生要消除对心理咨询的误解，克服心理障碍，勇于倾诉自己的问题和思想困扰，在专业老师的帮助下及时干预心理问题，维持正常的学习生活。

总之，在新的环境中，大学新生要充分调动起自我的力量来迎接新的一切，顺利度过入学适应的阶段，为大学生活打下良好的基础。

任务评价

主题	内容	优秀	良好	一般	较差	很差
学习态度	能准时参加全部课程学习，按时提交作业，及时查阅教师上传的学习资料	5	4	3	2	1
专业知识	了解和掌握大学生心理调适和目标设定的方法	5	4	3	2	1
研讨精神	积极参与讨论，对其他人的发言能提出合理的分析和见解	5	4	3	2	1
团队协作	能很好地融入课堂，参与小组讨论，与小组成员共同推进学习进程	5	4	3	2	1
沟通交流	能够清晰准确地表达自己的观点，与他人交流时态度、语气恰当	5	4	3	2	1
人文素养	能够有意识地关注自身心理状况并及时确定目标	5	4	3	2	1
信息素养	会检索心理适应的相关资料，主动学习相关知识	5	4	3	2	1
实践应用	掌握大学生心理调适和目标设定的方法并能够指导自身大学学习、生活	5	4	3	2	1

自我小结

任务三　生殖健康

任务描述

生殖知识涵盖生殖器官的结构和功能、生殖细胞的形成和生命周期、性激素的作用、生殖周期和生殖行为等，也涉及性传播疾病的预防和治疗、避孕方法的选择和正确使用，以及性功能障碍的诊断和治疗。通过学习生殖知识，个人能够更好地了解自己的生理和生殖健康需求，从而采取适当的措施来保护自己。本任务共1个工作表单：开展生殖知识竞赛。

任务实施

（1）以3~4人为一小组，自由组合，组建学习小组，建立“学习积分卡”。

（2）生殖知识竞赛内容为：生殖系统的解剖结构和功能；生殖健康的维护；常见性传染疾病的相关知识。

工作表单

阅读学习支持以及相关文献资料，采取抢答的形式，开展生殖知识竞赛，并记录各组得分。

组名	组员	得分

学习支持

一、男性生殖系统

(1)睾丸:位于阴囊内,具有产生精子和分泌雄性激素的双重功能。左右各一,呈卵扁圆形。

(2)附睾:位于睾丸的上方与后缘,连接睾丸和输精管。主要有吸收与分泌、促进精子成熟、储存精子等功能。

(3)输精管:是一对长35~45 cm的长管,将成熟的精子从附睾输送到尿道。

(4)射精管:贯穿阴茎,通过尿道口将尿液和精子排出体外。

(5)前列腺:位于尿道周围,形如栗子,分泌碱性液体,以稀释和保护精子,并提供能量。

(6)精囊腺:位于输精管壶腹的外侧,分泌淡黄色黏液,有稀释精液的作用,利于精子活动。

(7)阴茎:男性外生殖器,包括阴茎根部、干部和头部。阴茎头部(俗称龟头)通常在性兴奋时暴露出来,并在性交时发挥重要作用。

(8)阴囊:呈袋状,位于阴茎根部下方、大腿内侧。主要作用是保护睾丸和精索。

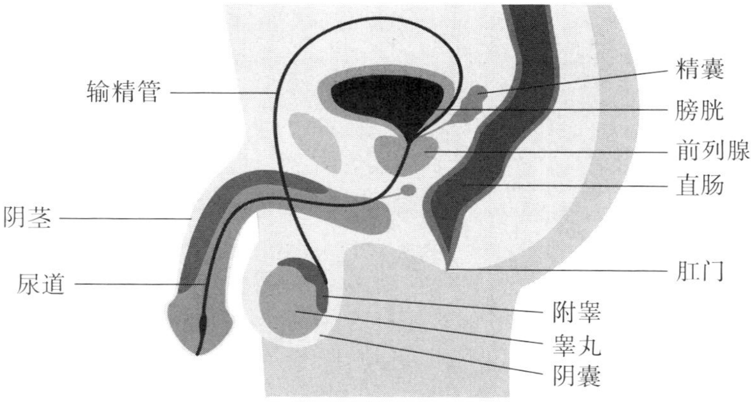

图5-1 男性性器官结构示意图

二、女性生殖系统

(1)卵巢:呈扁卵圆形,位于子宫两侧输卵管的后下方,主要功能是产生卵子和女性激素,如雌激素和孕激素。

(2)输卵管:连接卵巢和子宫,是受精卵的通道。在输卵管内,卵子与精子结合受精。

(3)子宫:呈倒置的梨形,位于直肠和膀胱之间,具有孕育和支持胎儿发育的功能。子宫内膜在每个月的月经周期中增厚,为受精卵的着床提供理想环境。

(4)宫颈:位于子宫底部,连接子宫和阴道。宫颈具有黏液分泌功能,可以防止感染物进入子宫。

(5)阴道:女性外生殖器的一部分,是一个肌性管道,在性交时可以扩张以容纳阴茎,也是胎儿娩出的通道。

(6)处女膜:位于阴道口小阴唇内侧正中,由一层很薄的膜样组织组成。可因骑车、外阴受到碰撞等而破裂,因此部分女性初次性交时未必出血。

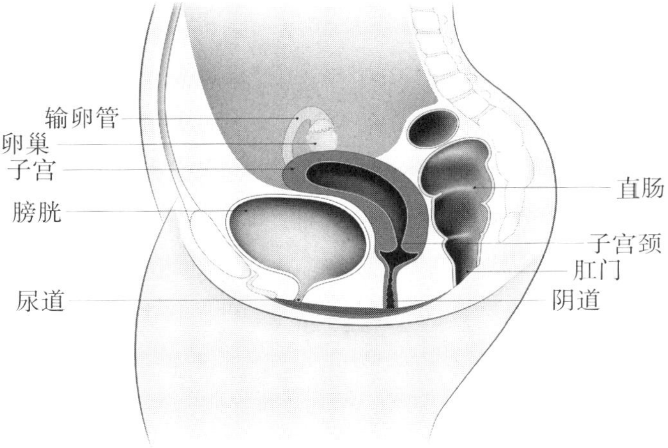

图5-2 女性性器官结构示意图

三、常见性传播疾病

1.淋病

病原体:淋病奈瑟球菌。

传播途径:主要通过性接触传播,也可以通过母婴垂直传播。

症状:在男性中,可出现尿道排脓性分泌物、尿道疼痛、尿频等症状;女性症状可能较轻,可表现为尿道炎症、阴道分泌物增多等。

并发症:如果未及时治疗,淋病可以导致生殖道炎症、盆腔炎、不孕症等严重并发症。

诊断:通过尿液样本、分泌物样本或尿道拭子进行细菌培养或核酸检测。

治疗:一般采用抗生素治疗,但由于淋病对抗生素的耐药性增加,可能需要根据耐药情况选择抗生素。

2. 梅毒

病原体：梅毒螺旋体。

传播途径：主要通过直接接触患者的梅毒性溃疡或黏膜分泌物传播，也可以通过血液传播或母婴传播。

症状：梅毒可分为初期、次要期、隐性期和晚期，症状因阶段而异，可包括溃疡、皮疹、发热、淋巴结肿大等。

并发症：梅毒可以影响多个器官系统，导致心血管、神经系统、眼部、皮肤等严重并发症。

诊断：主要通过血清学试验和临床症状进行诊断。

治疗：采用抗生素治疗，但治疗剂量和时长取决于患者的梅毒阶段和严重程度。

淋病和梅毒是较为常见的两种性传播疾病，弄清楚它们的传播途径对于预防至关重要。其他常见可由性传播的疾病还有：

生殖器疱疹：由单纯疱疹病毒引起的感染，可导致生殖器区域的疱疹、溃疡、瘙痒等症状。

生殖器疣：由人乳头瘤病毒（HPV）感染引起，可能在生殖器区域形成疣状生长物。

艾滋病：由人类免疫缺陷病毒（HIV）感染引起的免疫系统疾病，可导致免疫系统衰弱，进而引发艾滋病。

四、维持生殖健康的方法

（1）定期进行性健康检查：定期进行性健康检查可以及早发现和治疗潜在的性传播疾病和其他生殖系统问题。

（2）避免不安全的性行为：采取使用避孕套等安全性措施来减少性传播疾病感染的风险。与信任的伴侣进行性行为是保护生殖健康的重要措施。

（3）维持生活健康方式：均衡饮食、充足睡眠、适量运动和减少压力，有助于维护身体的整体健康，包括生殖健康。

（4）保持生殖器官卫生：定期清洗生殖器官（避免使用刺激性物质清洁生殖器官），有助于预防感染和其他问题。

（5）定期进行癌症筛查：女性须定期接受宫颈癌筛查和乳腺癌筛查；男性须定期接受睾丸癌筛查和前列腺癌筛查。

（6）接种疫苗：接种可预防性传播疾病的疫苗，如人乳头瘤病毒（HPV）疫苗，有助于预防相关感染的发生。

（7）性教育：接受准确、全面的性健康教育。

（8）寻求医生治疗：出现生殖健康相关的问题或疑虑，应及时寻求医生帮助，避免忽视或自行处理。

任务评价

主题	内容	优秀	良好	一般	较差	很差
学习态度	能准时参加全部课程，按时提交作业，及时查阅教师上传的学习材料	5	4	3	2	1
专业知识	掌握生殖系统的解剖结构和功能、生殖健康的维护方法以及常见性传染疾病的相关知识	5	4	3	2	1
研讨精神	积极参与讨论，对其他人的发言能提出合理的分析和见解	5	4	3	2	1
团队协作	能很好地融入课堂，参与小组讨论，与小组成员共同推进学习进程	5	4	3	2	1
沟通交流	能够清晰准确地表达自己的观点，与他人交流时态度语气恰当	5	4	3	2	1
人文素养	能够关注医学人文知识	5	4	3	2	1
信息素养	会检索常见的医学专业文献数据库，主动阅读医学文献	5	4	3	2	1
实践应用	能运用生殖卫生保健方法促进身心健康	5	4	3	2	1
自我小结						

任务四　营养膳食

任务描述

《中国居民营养与慢性病状况报告(2020年)》显示,2019年我国因慢性病导致的死亡占总死亡数的88.5%,其中心脑血管病、癌症、慢性呼吸系统疾病死亡比例为80.7%,居民不健康生活方式仍然普遍存在。慢性病的发生和高盐、高脂等不健康的饮食以及运动少等不健康的生活方式密切相关。大学生也需要掌握营养学基础知识,为健康的大学生活奠定良好的基础。本任务共分为1个工作表单:结合案例,给出膳食建议。

任务实施

工作表单

小帅,男,19岁,身高170 cm,体重60 kg,热爱运动,希望增加肌肉和体重,请你阅读学习支持及相关资料为他编制食谱。

早餐	
午餐	
晚餐	

学习支持

一、人体必需的营养素

1.碳水化合物

碳水化合物是人体的主要能源物质,也是组织和细胞的重要组成成分。五谷类是提供碳水化合物的主要食物。

2.脂肪

脂肪是能量的来源之一，它协助脂溶性维生素（维生素A、维生素D、维生素E、维生素K和胡萝卜素）的吸收，保护和固定内脏，防止热量消失，保持体温。油脂是提供脂肪的主要食物。

3.蛋白质

蛋白质是一切生命的基础，在体内不断地合成与分解，是构成、更新、修补组织和细胞的重要成分，它参与物质代谢及生理功能的调控，保证机体的生长、发育、繁殖、遗传并供给能量。肉、蛋、奶、豆是提供蛋白质的主要食物。

4.水

水是人体内体液的主要成分，是维持生命所必需的，具有调节体温、运输物质、促进体内化学反应和润滑的作用。

5.矿物质

矿物质是骨骼、牙齿和其他组织的重要成分，具有十分重要的生理机能调节作用。蔬菜、水果是提供矿物质的主要食物。

6.维生素

维生素是维持人体健康所必需的物质，需要量虽小，但由于体内不能合成或合成量不足，必须从食物中摄取。维生素包含水溶性维生素（维生素B族、维生素C）和脂溶性维生素（维生素A、维生素D、维生素E、维生素K等）两类。它们对人体正常生长发育和生理功能调节至关重要。蔬菜、水果是提供维生素的主要食物。

7.膳食纤维

膳食纤维是指植物中不能被消化吸收的部分，是维持健康不可缺少的物质，它能软化肠内物质，刺激胃壁蠕动，辅助排便，并降低血液中胆固醇及葡萄糖的吸收。

二、平衡膳食

膳食指南作为国际组织和各国政府政策文件已经有很长的历史。国际上第一部膳食指南正式出台是1968年，我国第一部是1989年。膳食指南是健康教育和公共卫生政策的基础性文件，为公众提供所需的营养保障，培养健康的饮食习惯和生活方式，以促进人群整体健康和预防慢性疾病。

《中国居民膳食指南（2022）》是根据营养学原则，结合国情制定的，为人民群众平衡膳食，以摄取合理营养促进健康提供指导性意见。

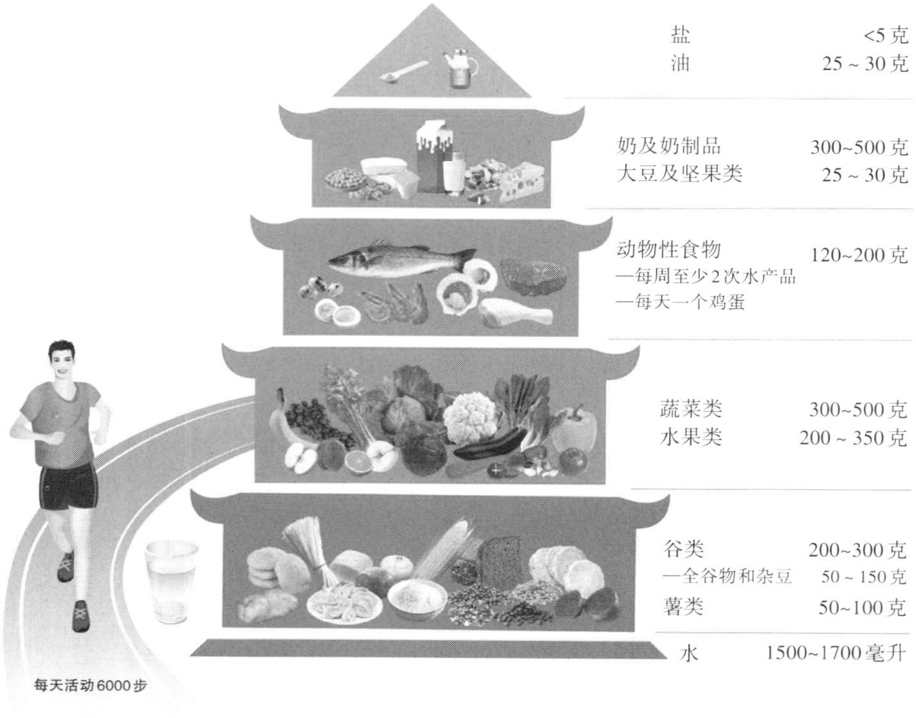

图5-3　中国居民平衡膳食宝塔（2022年版）

三、食谱编制

依据碳水化合物、脂肪、蛋白质的产热系数与人体的热量需求关系制作食谱：1 g碳水化合物产生4 kcal能量，1 g脂肪产生9 kcal热量，1 g蛋白质产生4 kcal热量。①

食谱编制一般步骤（须根据个人需求调整）：

（1）查阅《中国居民膳食营养素参考摄入量（2023版）》，确定机体的能量需要量。

（2）确定三大产能营养素的能量比例：蛋白质10%~15%，脂肪20%~25%，碳水化合物55%~65%。

（3）确定三餐供能比（早餐30%、午餐40%、晚餐30%）。

（4）确定主食品种和数量（基于碳水化合物）。

（5）确定副食品种和数量（基于蛋白质）。

①注意：1 kcal=4.18 kJ，1 kJ=0.239 kcal。

(6)计算烹调油用量(基于脂肪)。

(7)确定蔬菜和水果数量(搭配)。

任务评价

主题	内容	优秀	良好	一般	较差	很差
学习态度	能准时参加全部课程,按时提交作业,及时查阅教师上传的学习材料	5	4	3	2	1
专业知识	掌握营养素的价值和推荐摄取量,了解人体能量代谢的途径和方式以及食谱制作过程	5	4	3	2	1
研讨精神	积极参与讨论,对其他人的发言能提出合理的分析和见解	5	4	3	2	1
团队协作	能很好地融入课堂,参与小组讨论,与小组成员共同推进学习进程	5	4	3	2	1
沟通交流	能够清晰准确地表达自己的观点,与他人交流时态度、语气恰当	5	4	3	2	1
人文素养	能够关注营养膳食等知识,有意识地树立健康生活的态度	5	4	3	2	1
信息素养	会检索常见的膳食营养专业文献数据库,主动阅读相关文献	5	4	3	2	1
实践应用	能制订普通人群的一日食谱,能对各类运动人群提供膳食建议	5	4	3	2	1
自我小结						

小结

本模块通过疾病预防、心理健康、生殖健康和营养膳食相关知识学习，增强大学生健康意识，提高大学生健康水平，使大学生养成良好的生活习惯，保持有益于身心健康的生活方式，掌握自我保健方法，珍惜生命，为一生的健康奠定坚实的基础。

我的______月总结汇报

姓名______________ 学号______________ 班级______________

思想：

学习：

生活：

模块六

安全教育

学习目标

知识目标

1.认识生命的意义和价值,珍爱生命,远离危险。

2.理解安全教育知识、掌握安全技能,形成良好的生活方式和生活习惯。

技能目标

1.学会预防、控制、排除及避免意外伤害事件,增强学生自我防范能力。

2.掌握安全技能,保护自身安全。

素质目标

1.建立生命与自我、生命与他人、生命与社会的和谐关系,形成珍惜和尊重生命的态度。

2.树立正确的安全观和安全意识。

20______年　　　　　　　　　　　　　　　　　第______周

日期	星期		日程安排
____月____日	一	课内	
		课外	
____月____日	二	课内	
		课外	
____月____日	三	课内	
		课外	
____月____日	四	课内	
		课外	
____月____日	五	课内	
		课外	
____月____日	六	课内	
		课外	
____月____日	日	课内	
		课外	

20______年　　　　　　　　　　　　　　　　　　第______周

日　期	星　期		日程安排
____月____日	一	课内	
		课外	
____月____日	二	课内	
		课外	
____月____日	三	课内	
		课外	
____月____日	四	课内	
		课外	
____月____日	五	课内	
		课外	
____月____日	六	课内	
		课外	
____月____日	日	课内	
		课外	

20______年　　　　　　　　　　　　　　　　　　　　　　　第______周

日　期	星　期	日程安排	
____月____日	一	课内	
		课外	
____月____日	二	课内	
		课外	
____月____日	三	课内	
		课外	
____月____日	四	课内	
		课外	
____月____日	五	课内	
		课外	
____月____日	六	课内	
		课外	
____月____日	日	课内	
		课外	

20______年　　　　　　　　第______周

日期	星期	日程安排	
____月____日	一	课内	
		课外	
____月____日	二	课内	
		课外	
____月____日	三	课内	
		课外	
____月____日	四	课内	
		课外	
____月____日	五	课内	
		课外	
____月____日	六	课内	
		课外	
____月____日	日	课内	
		课外	

任务一　常见急救方法

任务描述

心肺复苏和海姆立克急救法是安全教育中不可或缺的内容。学生将学习心跳呼吸骤停和气道梗阻出现的迹象，进行模拟演练，正确施行心肺复苏和海姆立克急救法。本任务共分为2个工作表单：

（1）心肺复苏急救。

（2）海姆立克急救。

任务实施

（1）全班按4~5人为标准进行分组，自由组合，组建学习小组。

（2）各小组轮流进行角色扮演，分别有施救者和路人甲、路人乙。

（3）各小组在练习后选派一名组员进行完整操作流程，教师对急救操作进行评分。

工作表单1　心肺复苏急救

组名	得分		

工作表单2　海姆立克急救

组名	得分

学习支持

一、心肺复苏

国家心血管病中心2019年的统计数据显示：我国每年心源性猝死者高达55万人，平均每天1500人死于心脏骤停。心脏骤停会导致身体内重要器官严重缺血、缺氧，4 min之后，大脑神经元会受到不可逆损伤，因此，“黄金四分钟”特别重要。

表6-1　心脏骤停后症状表现

时间(秒，分)	症状/情况
5~10 s	意识丧失，突然倒地
30 s	可出现全身抽搐
60 s	瞳孔散大，自主呼吸逐渐停止
3 min	开始出现脑水肿
4 min	开始出现脑细胞死亡
8 min	开始出现“脑死亡”或“植物状态”

心肺复苏是目前常用的一种急救措施，是通过心脏按压、人工呼吸等方式，建立暂时性的人工循环，保证身体重要脏器的血液供应，同时刺激机体产生自主心跳、呼吸，从而挽救患者的生命。心肺复苏开始得越早，成功率越高。

表6-2 心肺复苏后存活率

时间	存活率
1 min内	>90%
4 min内	60%
6 min内	40%
8 min内	20%
10 min内	0%

心肺复苏有三个关键步骤:胸外按压、开放气道与人工呼吸。详细操作如下(以成人为例):

1.心脏骤停评估判断

(1)确认现场周围环境安全。

(2)轻拍高喊,摸颈动脉搏动处,如图6-1所示,并默读1001(恰好1 s)、1002、1003……1007。

(3)一听(听是否有呼吸音),二看(看胸廓是否有起伏),三感觉(感觉是否有生命体征)。

注意:判断时间5~10 s,避免不必要的延误。

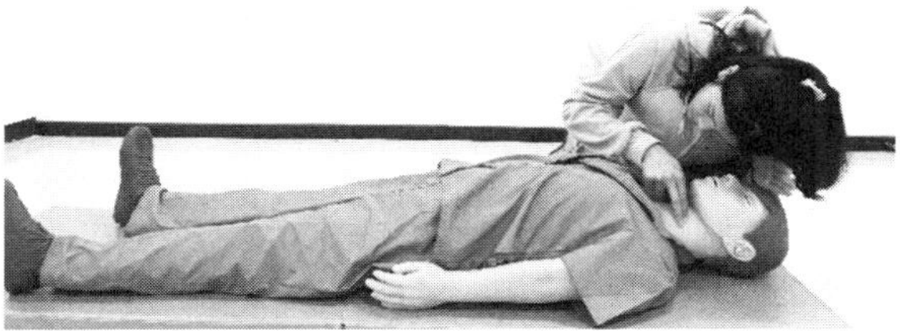

图6-1 摸颈动脉搏动处

2.呼救与摆放体位

(1)确定昏迷应立即呼救,让旁边的人拨打120急救电话,把心脏除颤仪(AED)拿到现场。

(2)检查颈部有无损伤,摆正体位,脸朝上。(解开伤员纽扣或拉开拉链)

3.胸外心脏按压

(1)按压部位:胸骨中下1/3交线处(即两乳头连线的中点处)。

(2)姿势:双膝跪地,身体前倾,双手平行重叠,十指交叉,掌根接触胸壁,五指背伸,肘关节伸直,利用上身重量垂直下压。如图6-2所示。

(3)按压深度:5~6 cm;频率:100~120 次/min。

(4)按压与吹气比30:2(即按压30次,吸气2次)。

注意:按压应平稳有规律,不可冲击式猛压。

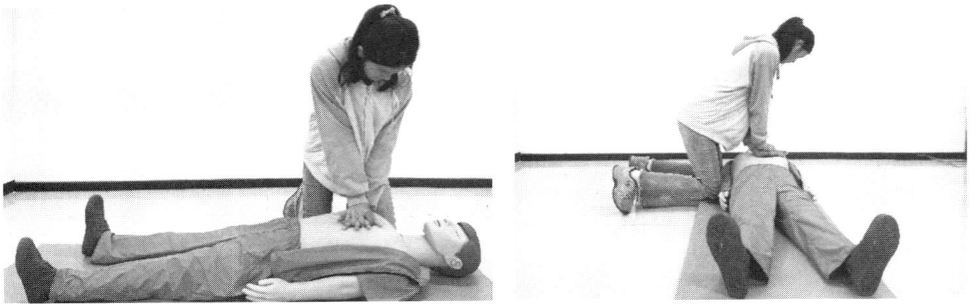

图6-2　心肺复苏胸外心脏按压姿势

4. 开放气道

体位:去枕平卧头偏向一侧,取下义齿、清除口鼻分泌物。

(1)仰头抬颌法(无颈部损伤者):左手小鱼际置于患者前额用力下压,使头后仰,另一手的食指、中指抬起下颌,使下颌尖、耳垂与水平面垂直,保持气道畅通。如图6-3所示。

(2)托下颌法(适用于颈部损伤者):把手放置患者头部两侧,握紧下颌角,用力向上托下颌,使下颌尖、耳垂与水平面垂直,保持气道畅通。如图6-4所示。

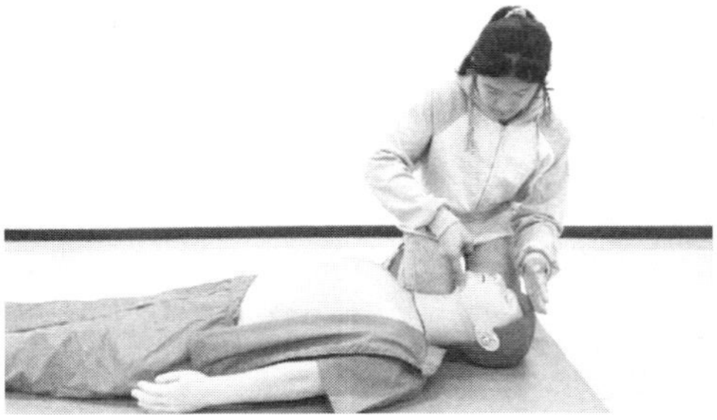

图6-3　仰头抬颌法

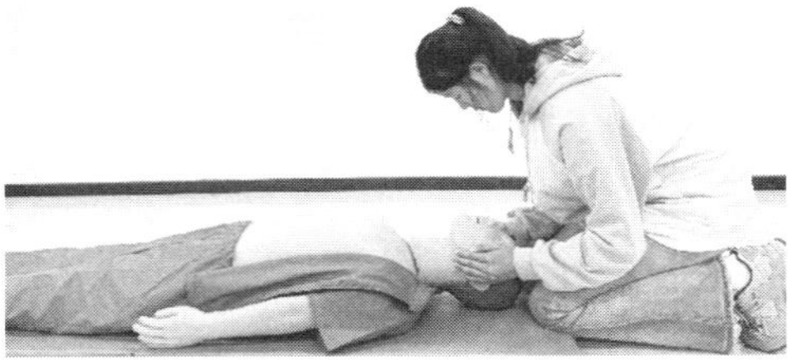

图6-4　托下颌法

5. 口对口人工呼吸

(1)口完全包住患者口唇,防止漏气。如图6-5所示。

(2)往患者口吹气时捏紧患者鼻子,吹气一次后松开手指让患者呼气。

(3)每一次吹气时间保持1~2 s,连续两次吹气。有效指征为胸廓起伏。

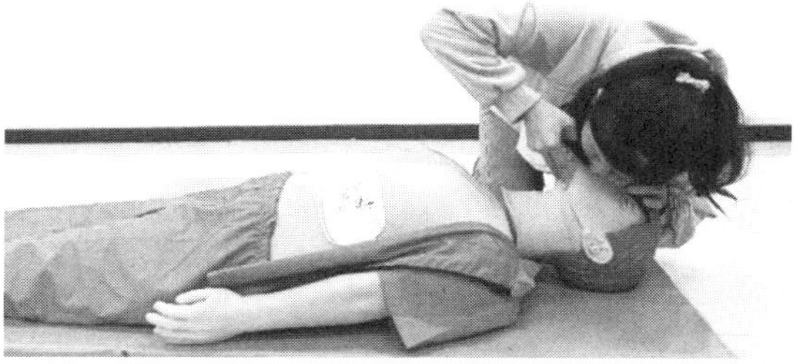

图6-5 口对口人工呼吸

6.五个循环后再次评估心肺复苏有效的征兆

(1)患者恢复呼吸及脉搏。

(2)面色(口唇)好转,如由发绀转为红润。

(3)瞳孔由大变小,并有瞳孔对光反射。

(4)患者出现知觉反应,甚至有呻吟及四肢活动等。

二、海姆立克急救法

在生活中时常会遇到自己或别人被异物卡喉发生窒息的紧急情况,抢救方法不当,耽误最佳治疗时机导致死亡的案例也经常发生。

海姆立克急救法即气道梗阻急救法,是通过冲击腹部膈肌下软组织,产生向上的压力,压迫两肺下部,从而驱使肺部残留空气形成一股气流;这股气流能将堵住气管、喉部的食物等异物驱除,使人获救。

被食物和异物卡喉后表情痛苦,双手呈掐脖状(如图6-6所示),病人不能说话或呼吸,面、唇发绀,失去知觉,此即“海姆立克”征象。

图6-6 双手呈掐脖状示意图

成人海姆立克急救法详细步骤(剪刀、石头、布)如下:

(1)确认有人气道阻塞后,抢救者立马站在病人的背后,让患者配合,两脚稍分开,一条腿放在患者两腿中间,嘱患者身体前倾头部略低,嘴要张开,以便异物的吐出,用两手臂环绕病人的腰部。如图6-7所示。

图6-7 第一步

(2)剪刀:剪刀是指抢救者在患者肚脐眼上两个横指的位置作为定位。如图6-8所示。

图6-8 第二步

(3)石头:一手握拳,将该拳拇指一侧放在患者肚脐眼上两个横指的位置。如图6-9所示。

图6-9 第三步

（4）布：用另一手包住拳头，快速向后向上冲击压迫病人的腹部。如图6-10所示。

图6-10　第四步

（5）重复以上步骤直至异物排出。

食物和异物卡喉窒息的预防：

日常生活中最重要的还是预防进食时食物和异物卡喉。

①将食物切成细块，充分咀嚼；

②口中含有食物时，应避免大笑、讲话、行走；

③不允许儿童将小的玩具放在口中。

有以下情况者，进食时应格外注意：

①有假牙者；

②饮酒后进食者；

③吞咽有障碍者。

任务评价

主题	内容	优秀	良好	一般	较差	很差
学习态度	主动学习理论知识和实践操作视频	5	4	3	2	1
专业知识	掌握解剖基础知识和急救的专业理论知识以及实践操作的方法	5	4	3	2	1
研讨精神	积极参与急救理论知识讨论和实践操作	5	4	3	2	1
团队协作	小组共同学习，轮流操作，完成整个急救过程	5	4	3	2	1
沟通交流	操作过程语言表达流利清楚，与患者交流态度和语气恰当	5	4	3	2	1
人文素养	能够了解急救知识，有意识树立救死扶伤的中华优秀传统美德	5	4	3	2	1
信息素养	会检索急救相关资料，主动学习相关理论知识和实践操作视频	5	4	3	2	1
实践应用	能掌握应对突发情况的急救技能，提升自身的能力	5	4	3	2	1

自我小结

任务二 应急知识，公共安全

任务描述

应急是在意外情况下提供急救、救援和安全保护的过程。提升学生对突发性意外发生时的应对水平，减少安全隐患，增强学生的安全感，是维护校园安全稳定的必要措施。本任务旨在让学生充分了解和掌握应急避险知识和安全技能，增强学生自我保护和相互救援的能力。本任务共分为2个工作表单：

(1)学习小组讨论地震相关知识与自救技能，完成工作表单1。

(2)学习小组讨论急救小常识，完成工作表单2。

任务实施

(1)全班按每组10人的标准进行学习小组划分，并指定1名小组长，学习小组开展学习、讨论、模拟演练。

(2)各学习小组将学习任务形成文字、图片、影像等资料，在课堂上展示并交流。

工作表单1

地震避险知识和震后自救技能

通过组织学生演练、学习小组交流讨论等学习方式，让学生掌握地震避险知识和震后自救技能，并完成以下表单。

地震避险知识有哪些	
震后自救技能有哪些	
应急避难场所有哪些	

工作表单2

急救小常识

通过组织学生演练、学习小组交流讨论等学习方式，让学生掌握急救小常识，并完成以下表单。

触电急救法	
中暑急救法	

学习支持

1. 地震

地震是地球表面的振动，引起地球表面振动的原因可以分为人为因素和自然因素。人为因素有核爆炸、机械振动等；自然因素有火山喷发等。地震的持续时间短则几秒钟，长则十秒以上。

发生地震时，应保持冷静，沉着应对，具体措施如下：

(1)正处于室外，应当立即远离建筑物、围墙、电线、路灯杆、广告牌、树木及玻璃幕墙等，及时前往地震应急避难场所。地震应急避难场所可以选择公园、广场、体育场等宽阔地带，这些场所应具备安全性、可持续性、通达性。

(2)正处于室内，要“先躲后逃”，切勿选择跳楼逃生。迅速寻找室内安全“三角区”，例如面积较小的卫生间、衣帽间、承重墙墙角等抗震能力较好的躲避空间，尽量利用身边物品保护头部，如棉被、枕头等。在躲避的过程中，避开带有门窗的墙体或不结实的桌子、床底，随后视情况选择是否逃出建筑物，切勿通过电梯逃生，因为地震可能导致断电或者电梯失火。

震后自救措施如下：

在具备行动能力的前提下清除身边障碍物，尽量挣脱出来。用衣物捂住口鼻，避免灰尘呛闷，发生窒息。如若被掩埋，则要想办法就地取材加固周围支撑，防止再次坍塌，在封闭环境中切勿使用明火，不要盲目呼叫，尽量节省体力，可以通过敲打墙壁、铁管、钢筋等发声求救，同时注意外边动静，伺机呼救。

家中可以常备应急包，准备食品、水、简单的包扎工具和手电筒等。

2.暴雨、洪涝

暴雨期间，应时刻关注天气预报和新闻，尽量不要外出，如需外出，远离危房、高墙、洪水淹没的下水道、电线杆及高压线周围以及地下商场、地下通道等地势低洼处。不要将垃圾和杂物丢进下水道，防止堵塞后排水不畅。

如若被困家或教室中，应及时关好电源，防止电线浸水漏电；可用毛巾、衣物等物品堵塞门缝，降低洪水灌入速度，切勿贸然开门；也可利用房门、木板、桌椅等材料作为逃生工具；还可以使用哨子、色彩鲜艳的衣服等发出求救信号。

在户外遇到山洪时，应就近向高处转移，例如山坡、高地、房顶等，切勿攀爬带电的电线杆，不要冒险涉水逃离，如若被卷入洪水中，一定尽可能抓住固定的东西。

无论室内或户外，涉及人身安全，应第一时间拨打求救电话，等待救援。

3.雷电

（1）室内避雷方法。关好门窗，远离门窗、阳台和外墙壁；不要靠近、触摸任何金属管线，不要使用家用电器和通信设备、太阳能热水器。

（2）户外避雷方法。应迅速、就近躲入有防雷设施的建筑物内；远离树木、电线杆、烟囱等物体；避免在户外接打手机；不要骑摩托车、自行车赶路；在空旷场地不宜打伞；不要将金属工具或物品携带在身上；尽量避免到空旷的地方去，不要进入孤立的棚屋、岗亭等。

4.泥石流

当泥石流发生时，不要顺泥石流沟向上游或下游跑，应向沟岸两侧山坡或平整的高地，与滑坡、泥石流的行进方向垂直跑，且不要停留在凹坡处。

逃生过程中应该丢弃影响奔跑速度的随身物品，可以向树木茂密的地带逃生，无法逃生时可以抱住身边的固定物体。滑坡、泥石流结束后，不要马上返回原地，以防发生二次灾害，要尽快联系相关政府部门寻求救援。

如果在房间内，一定要迅速跑到开阔地带，防止被掩埋。

5.传染病

对于传染病人要早发现、早报告、早诊断、早隔离、早治疗、防止交叉感染，传染病人接触过的用品及居室均应严格消毒，隔断传染源，切断传播途径，保护易感染人群。

要经常开窗通风，保持环境的清洁卫生，消灭传播疾病的蚊、蝇、鼠、蟑螂等害虫；加强体育锻炼，养成良好的卫生习惯，勤洗手、勤换衣、勤洗澡，多喝温水，多食新鲜蔬果，促进新陈代谢，补充营养，增加机体抵抗力；进行疫苗接种，提高身体免疫力。

6.日常急救小常识

(1)脚踝扭伤。轻微的脚踝扭伤，一定要冰敷患处，24 h后再热敷，最后用绷带缠住脚踝，适当抬高脚踝减轻疼痛。

(2)煤气中毒。察觉煤气泄漏时，应迅速开窗通风，离开现场。若已感觉煤气中毒，全身无力，要尽可能爬至门边或窗前呼救；发现他人煤气中毒时，应立即打开门窗，将患者抬离现场。中毒者如出现呼吸、心跳不规则或停止，须马上对其进行体外心脏按压和人工呼吸，及时将其送往医院抢救。

(3)触电。当有人触电时，应迅速切断电源或用绝缘物挑开电线，例如橡胶、干燥的木头、石头、玻璃等电绝缘物，然后将触电者抬到通风处，解开衣扣、裤带，拨打急救电话，等待救援。如果触电者停止呼吸，必须立即做人工呼吸或尽快将其送到医院急救。另外，可用盐水或凡士林纱布包扎局部烧伤处。

(4)被蛇咬伤。让患者躺下，放低被咬伤的部位，用绳子或手帕在伤口近心端2~10 cm处结扎，每15 min左右放松1~2 min，并尽快将其送医院救治。如果万不得已，可以将伤口做十字切开，使用火罐或负压设备吸出毒液(注意：不要直接用嘴)，并寻找是否有蛇毒牙断在伤口中。

(5)中暑。如若轻微中暑，会出现大量流汗、口渴、头晕、胸闷、四肢无力等症状，应迅速将患者抬到通风处休息，解开衣领，扇风降温，用风油精擦其额头或太阳穴，再让患者服用清凉饮料、淡盐水、人丹或十滴水、藿香正气水等解暑药物。如若高热型中暑，会出现闷热难受，体温升高(往往超过40 ℃)，皮肤潮红但干燥无汗、恶心呕吐，应迅速将患者抬到通风处休息，使其平卧，垫高头部，抬高双腿，解开衣服，用冰袋或冷水湿敷头部。当身体出现高温时，可用冷水或40%的酒精擦身，也可在额头、颈部、腋下等处放置冷湿毛巾或冰袋。如情况严重，应送往医院抢救。

任务评价

主题	内容	优秀	良好	一般	较差	很差
学习态度	按时出勤，积极配合模拟演练，按时完成学习任务	5	4	3	2	1
专业知识	掌握应急安全知识和技能	5	4	3	2	1
研讨精神	积极交流讨论，研讨内容具有启发性和激励性	5	4	3	2	1
团队协作	互相协助，共同推进学习进程	5	4	3	2	1
沟通交流	能够准确清晰表达观点和见解，采取双向沟通形式	5	4	3	2	1
人文素养	能够关注人身安全知识，主动树立人身安全意识	5	4	3	2	1
信息素养	会检索安全知识资料，收集反馈信息	5	4	3	2	1
实践应用	成为当代大学生安全教育的典范	5	4	3	2	1

自我小结

任务三　珍惜生命，人身安全

任务描述

人身安全教育是全面实施素质教育的重要内容，在学生的成长中起着至关重要的作用，对学校发展和社会稳定具有重要意义。本任务旨在让学生充分掌握人身安全知识和安全技能，增强安全意识，珍爱生命，尊重生命，健康成长。本任务共分为2个工作表单：

（1）学习小组交流讨论预防溺水安全知识，完成工作表单1。

（2）学习小组交流讨论校园欺凌，完成工作表单2。

任务实施

（1）全班按每组10人的标准进行学习小组划分，并指定1名小组长，开展学习、讨论、模拟演练。

（2）各学习小组将学习任务形成文字、图片、影像等资料，在课堂上展示并交流。

工作表单1

预防溺水安全知识

通过组织学生演练、学习小组交流讨论等学习方式，让学生掌握预防溺水安全知识和自救技能，完成以下表单。

危险水域有哪些	
预防溺水，应该怎么做	
溺水后如何自救	

工作表单2

拒绝校园欺凌

通过组织学生演练、学习小组交流讨论等学习方式，让学生明白校园欺凌的危害和严重性，完成以下表单。

你知道哪些行为是校园欺凌	
发现校园欺凌，你该怎么做	
自己被校园欺凌，应该怎么做	

学习支持

1.宿舍用电安全

严格遵守学校规章制度。宿舍内不使用电炒锅、电磁炉、热得快、电饭煲、取暖器、电热毯、高功率吹风机等大功率电器；不随意更改、安装电源线，不私拉乱接用电设备；不用湿手触摸插座接口；不将电插排随意插放在床边（如图6-11所示），不在电插排附近放易燃物品；手机充电时间不能过长，不能边充电边打电话，容易导致手机机身发热，引发爆炸。如遇到宿舍内灯头接触不良、电线破损、插座松动等情况，及时向宿管老师反映、报备，以便检修。

如若发现充电器、台灯、手机等电子产品有冒烟、冒火花、产生焦煳异味的情况时，应立即关掉电源开关，停止使用。

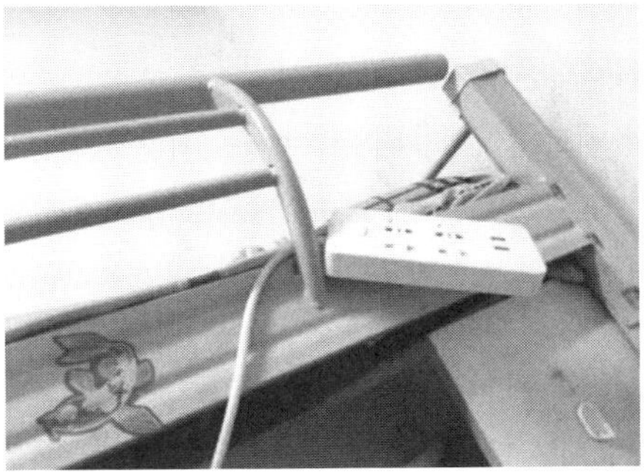

图6-11　电插排随意放在床边

2.预防拥挤踩踏

楼道中，严禁嬉戏打闹、相互推搡、拥挤，发现不文明行为要及时制止；行进中，上下楼梯要相互礼让，靠右行走，不拥挤，不低头玩手机，防止踩踏挤压等不安全事故发生。

（1）出现混乱局面怎么办？在拥挤的人群中，时刻保持警惕，尽量走在人流的边缘。如果被裹挟至人群中，切记和大多数人的前进方向一致，不要试图越过别人，更不能逆行。当发现前面的人摔倒时，应立即停下脚步，并大声呼叫，告知后面的人不要向前靠近，抓稳扶手，防止摔倒。另外，也可以采用抬起双臂，手肘对准人与人之间的缝隙，让人流的冲击分散到身体的两侧，有效地避免在人流中摔倒；并且要保持重心稳定，不要让身体与人群的冲力对抗，保护胸腔，减少身体的受力面。

（2）被踩踏该如何自救？如若摔倒后无法起身，应快速蜷缩身体，用双臂保护头部及胸腔等要害，使肱骨、肩胛骨、锁骨以及骨盆形成支撑保护脏腑，避免受到致命伤害。另外，要设法靠近墙壁，寻找机会将身体从侧卧调整为跪卧，双手扣紧后脑，同时要将脚腕部、小腿与大腿、大腿与躯干、躯干与大臂、大臂与小臂，调整为三角形支撑身体，有效地提高身体的抗压性。

3.预防溺水

危险水域一般是指江边、河边、湖边、海边、水库边、水沟边、池塘边和设有危险标识的水域。

（1）如何预防溺水？不准在危险水域嬉戏玩耍、追赶；不准私自下水游泳；不准到无安全设施、无救援人员的水域游泳；不准接近、进入设有危险标识的水域；物品掉落水中后，不擅自打捞。

（2）溺水的救助方法：

①自救。保持镇静，克服恐惧，屏住呼吸，放松身体，快速去除身体上的重物；睁开眼睛，观察周围情况，当身体停止下沉后，应立即双臂掌心向下，从身体两边像鸟飞一样顺势向下划水，注意划水节奏，向下划要快，抬上臂要慢，同时双脚像爬楼梯那样用力交替向下蹬水，或膝盖回弯，用脚背反复交替向下踢水，加速身体上浮。当身体上浮时，采取头向后仰姿势，让鼻部露出水面，呼气要浅，吸气要深，伺机大声呼救。如若被水草或其他杂物缠住时，应深吸气屏住呼吸，用眼观察被缠绕处，用双手解脱缠绕。当接近障碍物形成的漩涡时，应立刻放平身体俯卧浮于水面，沿着漩涡边，用爬泳的方法顺力顺势摆脱漩涡；如果已进入漩涡，应立即屏气蜷缩身体，双手抱头，当漩涡解除后迅速划水使自己浮出水面。当救助者出现时，切勿惊

慌抓抱救助者的手、腰、腿等部位，一定要听从救助者的指挥。

②救助他人。应迅速拨打求救电话。借助竹竿、木棍等物品将落水者拉出水面，或向落水者抛出绳索、救生圈、救生衣、木板、汽车轮胎等可漂浮物。

注意：未成年人和不会游泳的人不要盲目下水营救。

4.拒绝网络暴力

网络暴力是指网民在网络上发布具有诽谤性、污蔑性、侵害他人名誉等权益的煽动性文字、图片、视频的暴力行为，严重侵扰他人的正常生活。

在网络上，应做到文明交友、文明上网、文明用语，不信谣、不传谣、不造谣；换位思考，尊重他人，树立健康良好的心态；面对他人的不当言论时，学会独立思考和理性判断，冷静分析，不对他人进行言语攻击；遵纪守法，保护好个人隐私；增强法律意识、底线意识、责任意识，学会运用法律知识保护自身安全。

网络暴力行为属于违法行为，遭受网络暴力后不应以暴制暴，应及时寻求帮助。

5.远离黄、赌、毒

树立健康、积极向上的心态；不看黄色书刊及黄色影视制品，不参与赌博，不抽烟、不吸毒；不听信花言巧语，提高自身的抗诱惑能力；谨慎交友，远离有吸、贩毒行为的人；不出入网吧、游戏厅、酒吧、KTV等娱乐场所。

6.拒绝传销

增强对传销形式的欺骗性、危害性、违法性的认识和了解，不断提高识别能力，增强防范意识；发现有同学误入歧途时，应想方设法劝导，使其尽快解脱；当亲朋好友和同学游说外地“有高薪工作”时，应保持高度警觉，避免受骗；发现身边有传销违法犯罪活动的迹象和嫌疑时，应及时向老师和学校举报，防止其继续危害社会。

7.拒绝校园欺凌

校园欺凌是指在校园内部分学生以恶意、故意的方式对其他学生实施身体、心理或言语上的伤害。这种行为通常以重复、持续的方式出现，导致受害者出现恐惧、自卑、抑郁、焦虑等心理问题，甚至出现自杀念头。校园欺凌包括身体上的攻击、言语辱骂、恐吓威胁、网络欺凌等。

如何做才能尽量避免校园欺凌呢？

(1)面对校园欺凌，受害者应立即寻求帮助，可以向老师、家长或其他可信赖的人求助。如果情况严重，受害者应该考虑报警，让法律来制裁施暴者。

(2)除了寻求外部帮助外，受害者还应该努力提升自身的能力来抗击欺凌行为。

(3)保持良好的心态。受害者可以尝试与伙伴一起进行锻炼或参与其他团体活动，互相鼓励和支持，来缓解压力和焦虑。

任务评价

主题	内容	优秀	良好	一般	较差	很差
学习态度	按时出勤，积极配合模拟演练，按时完成学习任务	5	4	3	2	1
专业知识	掌握人身安全知识和安全技能	5	4	3	2	1
研讨精神	积极交流讨论，研讨内容具有启发性和激励性	5	4	3	2	1
团队协作	互相协助，共同推进学习进程	5	4	3	2	1
沟通交流	能够准确清晰表达观点和见解，采取双向沟通形式	5	4	3	2	1
人文素养	能够关注人身安全知识，主动树立人身安全意识	5	4	3	2	1
信息素养	会检索人身安全知识和资料，收集反馈信息	5	4	3	2	1
实践应用	成为当代大学生安全教育的典范	5	4	3	2	1
自我小结						

任务四　物品保管，财产安全

任务描述

财产安全不仅关系到个人的日常生活，更关系到个人的安全。本任务旨在增强学生的财产安全意识，避免被诈骗、被盗窃等。本任务共分为2个工作表单：

（1）学习小组交流讨论，完成工作表单1。

（2）学习小组交流讨论，完成工作表单2。

任务实施

（1）全班按每组10人的标准进行学习小组划分，并指定1名小组长，开展学习、讨论、模拟演练。

（2）各学习小组将学习任务形成文字、图片、影像等资料，在课堂上展示并交流。

工作表单1

通过学习小组交流讨论的学习方式，明白如何增强财产安全意识，完成以下表单。

如何提高财产安全意识	
宿舍、教室等场所的物品分类存放与保管措施有哪些	

工作表单2

通过组织演练、学习小组交流讨论等学习方式，掌握保护财产安全和预防诈骗的技能，完成以下表单。

遇到物品被盗窃、被抢，应该怎么办	
如何预防诈骗，避免财产损失	
诈骗的类型有哪些	

学习支持

物品保管就是确保物品的安全、完整和方便使用，这需要我们养成良好的保管习惯，从日常生活中的小事做起，如定期整理、分类存放、妥善保管等。在宿舍和教室等公共场所，学生应该将自己的物品分类存放，如书籍、衣物、电子产品等应分类放置，方便查找和使用。对于贵重物品，如手机、电脑等，应妥善保管，避免随意放置。

此外，学生应该增强自我保护意识，不轻信陌生人，不随意泄露个人信息，注意保护自己的隐私。此外，还应学习识别各类诈骗手段的方法，避免上当受骗。

1.防盗、防抢

在教室、图书馆、实训室、体育场馆、食堂、学生宿舍等公共场所，要妥善保管好自己的物品，不让随身物品脱离自己的视线，不在他人面前暴露钱财；不留宿外来人员,保管好自己的钥匙;外出时反锁好门窗,不携带大量的现金在身上,也不要将现金放在宿舍,应及时存入银行,随取随用,切勿将银行卡和身份证放在一起;如非必要,不要将金银首饰、相机等贵重物品带到学校。离开学校时应带走自己的贵重物品。交友须慎重,不外露或向他人炫耀随身携带的贵重物品,谨防被心术不正之人视为盗窃、敲诈勒索、诈骗的目标;夜间外出时尽量避免行走在灯光昏暗、无人的偏僻路径,遇有可疑人跟踪应及时联系老师或同学。

2. 防诈骗

(1)刷单返利。据统计,大学生被诈骗的案件中,刷单返利诈骗一直处在电信网络诈骗的首位。犯罪分子通常利用大学生贪图小利的心态来达到诈骗的目的。

(2)"杀猪盘"。"杀猪盘"最常见的诈骗方式是爱情骗局。谨慎交友,网络交友无法确认对方真实身份,不可轻信;凡是网恋让你投资的都是诈骗!凡是诱导网络博彩都是违法行为,都是诈骗!只要涉及金钱往来,一定要提高警惕,与身边亲朋好友多沟通、多询问,防止坠入圈套。

(3)冒充客服类诈骗。冒充客服类诈骗的受害人群通常为网购用户,诈骗分子事先大肆非法窃取、收购买家网购信息及快递单信息,以退款、理赔、升级VIP、提高信誉积分等手段对买家或平台商家实施诈骗。正规网购退款会由支付渠道原路退回,如接到自称"店铺客服""快递客服""卖家"等电话,请提高警惕,不要轻易透露验证码或银行卡密码等信息,不要点开对方发来的"退款链接"。

(4)网络游戏交易诈骗。"收售账号""装备出售""低价出售游戏币""假冒客服"等通常是诈骗分子的诈骗手段。

(5)点击网址链接诈骗。学生接收到不明链接:例如"先生或女士您好,您在××公司的积分已达兑换额度,请点击下列网址链接进入兑换""恭喜××先生或女士,您获得了手机及平板各一台,请点击下列网址链接××××进入领奖"。对于此类链接千万要提高警惕,只要点进去,手机上所有的账号密码都可能会被盗走。

预防诈骗的应对措施:

(1)不贪钱财,不图便宜;时刻保持警惕性,保护好个人信息;慎重交友,不感情用事;慎重对待他人的财物请求。

(2)建议下载"国家反诈中心"App。

任务评价

主题	内容	优秀	良好	一般	较差	很差
学习态度	按时出勤,积极配合模拟演练,按时完成学习任务	5	4	3	2	1
专业知识	掌握物品分类保管的措施和保护财产安全的方法	5	4	3	2	1
研讨精神	积极交流讨论,研讨内容具有启发性和激励性	5	4	3	2	1
团队协作	互相协助,共同推进学习进程	5	4	3	2	1
沟通交流	能够准确清晰表达观点和见解,采取双向沟通形式	5	4	3	2	1
人文素养	能够关注财产安全知识,提高安全防范意识	5	4	3	2	1
信息素养	会检索财产安全知识和资料,收集反馈信息	5	4	3	2	1
实践应用	能掌握物品分类保管的方法,预防诈骗	5	4	3	2	1
自我小结						

任务五 防火知识，消防安全

任务描述

火灾是威胁人类安全的重要灾害之一。在日常生活中火灾是可以预防的，但是目前学生的消防安全意识仍很淡薄，对火灾的麻痹和侥幸心理还普遍存在。因此，本任务旨在让学生了解发生火灾的原因、如何预防火灾的发生、森林防火的要求、火灾逃生的方法、不同场所遇到火灾的逃生自救方法、校园消防设施和器材使用方法等，组织学生模拟演练，丰富学生的防火知识和增强消防安全意识。本任务共分为2个工作表单：

（1）学习小组交流讨论，完成工作表单1。

（2）学习小组交流讨论，完成工作表单2。

任务实施

（1）全班按每组10人的标准进行学习小组划分，并指定1名小组长，开展学习、讨论、模拟演练。

（2）各学习小组将学习任务形成文字、图片、影像等资料，在课堂上展示并交流。

工作表单1

如何预防火灾的发生

通过学习小组交流讨论的学习方式，让学生掌握预防火灾的知识，完成以下表单。

发生火灾的原因有哪些	
森林防火的要求有哪些	

工作表单2

火灾逃生的方法

组织演练，掌握火灾逃生的方法，完成以下表单。

不同场所遇到火灾，应该如何逃生	
火灾逃生的方法有哪些	
校园消防设施和器材如何使用	

学习支持

一、发生火灾的原因

1. 人为因素

电器短路、做饭、吸烟、烧荒、祭祀燃火、燃火取暖，以及不规范存放汽油、酒精、油漆等常见的易燃易爆物品等。

2. 自然因素

雷、电、自燃等自然火引起的火灾。

二、预防火灾发生

注意用电安全，不乱拉电线。若发现火灾隐患，每个同学都有责任向学校报告；不玩火、不使用蜡烛、蚊香等明火；不在教室、宿舍以及床上吸烟，不乱丢烟头、火种；不在宿舍存放易燃易爆物品；不使用电炒锅、电磁炉、烧水壶、电炖锅、“热得快”等大功率电器。

（1）森林防火“十不准”：严禁林区一切野外用火；不准烧荒烧垦、烧荒积肥、烧田埂草；不准上坟时烧纸、烧香、放鞭炮、放孔明灯、在林区吸烟；不准在野外烧蜂、烧蚂蚁、烧火驱兽和使用火铳枪械狩猎；不准夜间在林区点火把照明行路；不准炼山造林或烧木炭；不准让特殊人群和未成年人在林区玩火；不准见火不报、不救；不准在林区烤火取暖、生火野炊；不准破坏森林防火宣传牌、瞭望台“哨”。

（2）森林防火“五不烧”：未经批准不烧；未开好防火线不烧；未准备好打火工具不烧；刮风、高温、干旱天气不烧；无人看守不烧。

三、火灾逃生的方法

火灾逃生“四要点”：防烟熏，寻找逃生之路，果断迅速逃离火场，等待他救。

1. 室内失火被围困

室内失火被围困时，应保持镇静，迅速拨打报警电话。逃生时，切勿乘坐电梯，应根据安全出口指引，采用毛巾捂鼻法、棉被披身法或匍匐前进法通过浓烟弥漫、毒性大的地方，找到“出口”或“安全出口”标志后有序地撤离，下楼梯时应抓住扶手，切忌拥挤、乱跑乱窜，堵塞疏散通道，避免发生冲撞或踩踏等意外伤害。如若身上不小心着火，切忌奔跑，谨防加速燃烧，可以选择就地打滚或用厚重衣物压灭火苗。

若室外着火，阻断逃生通道，切勿贸然开门。低楼层可以采用绳索自救法、被单拧结法、管线下滑法从窗口爬下逃生；高楼层可以采用毛毯隔火法延缓火势，或在阳台窗口用挥舞手电筒、鲜艳衣物以及呼喊等方法发送求救信号，等待消防救援。

家中应常备防烟面罩、灭火毯、灭火器等消防用具，发生火灾时能减少伤害。

2. 户外遇到火灾

户外遇到火灾，应迅速拨打报警电话。火势较小时，可利用水浇、土埋、树枝扑打等方法将其及时扑灭；火势较大时，可到附近河流、小溪、湖泊或植被稀少的区域躲避风险，也可用水浸湿衣物蒙住头部、捂住口鼻，选择逆风逃生，转移避险。

四、消防器材使用方法

1. 干粉灭火器

一摇二拔三压四喷。使用时，拔掉保险销，一只手握住喷嘴，另一只手握紧压柄，干粉即可喷出。（属于窒息灭火，一般适用于固体、液体的火灾）

2. 二氧化碳灭火器

使用时,先拔掉保险销,然后握紧压柄开关,二氧化碳即可喷出。(在狭窄的空间使用后应迅速撤离或戴呼吸器;要注意勿逆风使用)

3. 水基型灭火器

使用时,先拔掉保险销,一只手握住喷带的前端,另一只手用力压下压把,灭火剂便会从喷嘴喷射出来。(适用于木竹类、织物、纸张及油类物质的火灾)

知识拓展

绳索自救法:家中有绳索的,可直接将其一端拴在门、窗或重物上沿另一端爬下。(适用于低层建筑)

匍匐前进法:由于火灾发生时烟雾大多聚集在上部空间,因此在逃生过程中应尽量将身体贴近地面匍匐或弯腰前进。

毛巾捂鼻法:火灾烟气具有温度高、毒性大的特点,一旦吸入浓烟会引起呼吸系统烫伤,因此疏散时可使用湿毛巾捂住口鼻,起到降温及过滤的作用。

棉被护身法:用浸泡过水的棉被、毛毯或棉大衣盖在身上,确定逃生路线后用最快的速度钻过火场并冲到安全区域。

毛毯隔火法:将毛毯等织物钉或夹在门上,并不断往上浇水冷却。这样做的目的是防止外部的火焰和烟气侵入室内,从而抑制火势的蔓延速度,为逃生争取更多的时间。

被单拧结法:把床单、窗帘等撕成条并拧成麻花状,按绳索自救法的方式沿外墙爬下,但务必要将床单等扎紧扎实,避免其断裂或接头脱落。(如果长度不够,可将数条床单连接在一起)

管线下滑法:当建筑物外墙或阳台边上有落水管、电线杆等竖直管线时,可以借助这些管线下滑至地面进行逃生。在使用这种方法时,需要注意一次下滑的人数不宜过多,以防逃生途中因管线损坏而导致人员坠落或发生其他危险。

此外,还有攀爬避火法、楼梯转移法、卫生间避难法、火场求救法、逆风疏散法、搭"桥"逃生法等。

任务评价

主题	内容	优秀	良好	一般	较差	很差
学习态度	按时出勤,积极配合模拟演练,按时完成学习任务	5	4	3	2	1
专业知识	掌握预防火灾的方法、消防安全知识和安全技能	5	4	3	2	1
研讨精神	积极交流讨论,研讨内容具有启发性和激励性	5	4	3	2	1
团队协作	互相协助,共同推进学习进程	5	4	3	2	1
沟通交流	能够准确清晰表达观点和见解,采取双向沟通形式	5	4	3	2	1
人文素养	能够关注预防火灾和消防安全知识,提高安全防范意识	5	4	3	2	1
信息素养	会检索有关消防安全的知识和资料,主动学习相关知识	5	4	3	2	1
实践应用	能掌握消防安全知识和技能	5	4	3	2	1
自我小结						

任务六　出行平安，交通安全

任务描述

随着社会的发展和人们生活水平的提高，学生出行频率提高，范围也在不断扩大。然而，随之而来的是学生交通安全问题的日益突出。本任务旨在让学生掌握出行过程中可能面临的安全隐患和风险、交通安全常识、交通事故逃生应对措施等内容。本任务共分为2个工作表单：

（1）学习小组交流讨论，完成工作表单1。

（2）学习小组交流讨论，完成工作表单2。

任务实施

（1）全班按每组10人的标准进行学习小组划分，并指定1名小组长，开展学习、讨论、模拟演练。

（2）各学习小组将学习任务形成文字、图片、影像等资料，在课堂上展示并交流。

工作表单1

出行平安和交通安全的重要性

通过学习小组交流讨论的学习方式，让学生明白出行平安和交通安全的重要性，完成以下表单。

生活中有哪些交通不文明、不安全行为	
出行过程中可能面临的安全隐患有哪些	

工作表单2

交通安全常识

组织演练,掌握交通安全常识和交通事故应对措施,完成以下表单。

你知道的交通安全常识有哪些	
你认识的交通标示有哪些	
遇到交通事故该怎么办	

学习支持

学生在出行过程中保障自身及他人生命财产安全,是维护社会和谐稳定、促进学校教育事业发展的基础。安全出行,有利于培养学生遵纪守法、文明礼让的社会风尚,提高学生的综合素质,同时有助于为学生的学习和生活创造良好的环境。

一、出行过程中存在的问题

(1)违规驾驶和超速行驶。部分学生骑自行车或电动车时,不遵守交通规则,随意闯红灯、逆行、超速行驶等,极易引发交通事故。

(2)忽视交通信号和标志。部分学生在过马路时,不观察交通信号和标志,盲目穿越马路,存在很大的安全隐患。

(3)不了解交通工具。部分学生对于汽车、摩托车等交通工具的驾驶技能不够熟练,驾驶知识不够了解,又追求刺激,存在操作不当、判断失误等风险。

二、交通安全常识

(1)遵守交通规则,过马路时注意力集中,不左顾右盼,不边走边看手机或听音乐,不在路边嬉戏打闹,相互追逐。

(2)在没有红绿灯或交通民警指挥的路段,要避让机动车辆,不与机动车辆争道抢行。

(3)不横穿马路,走人行横道线,做到“绿灯行,红灯停”;不翻越道路中央的安全护栏和隔离墩。

(4)乘坐公共汽车,遵守公共秩序,排队候车,按先后顺序上车,不拥挤;上下车时均应等车停稳后,先下后上。不携带汽油、爆竹等易燃易爆易腐蚀违禁物品乘车。

(5)乘车时应系好安全带,不要把头、手、胳膊伸出车窗外,以免被对面来车或路边树木等刮伤,也不要向车窗外乱扔杂物,以免伤及他人。

(6)骑车时不随意穿越道路,在非机动车道上靠右边行驶,不逆行;不进入非机动车禁驶区。

三、交通事故逃生应对措施

(1)当发生交通事故被困车中时,要迅速找到安全锤或尖锐物品击打玻璃上角逃生。

(2)当发生交通事故时要迅速撤离事故现场,避免因车辆着火或爆炸受到伤害。

(3)如果乘坐的车辆着火,可以用衣物掩住口鼻,避免吸入烟气导致窒息。

(4)当遇到车辆落水时要保持冷静,不要惊慌。汽车入水时,由于车头较沉,应从后座逃生。如果入水后车窗与车门都无法打开,将面部贴近车顶,以保证正常呼吸,待到车内外的水压持平后再打开车门逃生。

(5)交通事故发生,逃生后要迅速报警。

知识拓展

常用应急报警求救电话

中华人民共和国公安部门报警电话:110

火警报警电话:119

森林火警报警电话:12119

医疗急救求助电话:120

交通事故报警电话:122

政务服务便民热线:12345

特别注意:在我国发生一切紧急情况都可以拨打110寻求帮助。

任务评价

主题	内容	优秀	良好	一般	较差	很差
学习态度	按时出勤,积极配合模拟演练,按时完成学习任务	5	4	3	2	1
专业知识	了解和掌握交通安全知识和交通事故逃生应对措施	5	4	3	2	1
研讨精神	积极交流讨论,研讨内容具有启发性和激励性	5	4	3	2	1
团队协作	互相协助,共同推进学习进程	5	4	3	2	1
沟通交流	能够准确清晰表达观点和见解,采取双向沟通形式	5	4	3	2	1
人文素养	能够主动关注交通安全知识,树立交通安全意识	5	4	3	2	1
信息素养	会检索交通安全知识和资料,主动学习相关知识	5	4	3	2	1
实践应用	能掌握交通安全知识和技能	5	4	3	2	1
自我小结						

小结

本模块通过学习海姆立克急救法和心肺复苏、公共安全、人身安全、财产安全、消防安全、交通安全等安全教育知识，增强大学生安全防范意识，提高大学生自我保护技能、沟通技能、问题解决技能，引导大学生珍惜生命、尊重生命，促进大学生全面健康成长。

我的______月总结汇报

姓名________________ 学号________________ 班级________________

思想：

学习：

生活：

模块七

校园生活

学习目标

知识目标

1.帮助学生更好地熟悉大学环境,适应大学生活,确立自己的目标。

2.了解和熟悉校园里各种优质的、可利用的教学资源、教学设施、教学地点。

3.帮助学生合理规划大学生活,合理安排每天的衣、食、住、学等活动。

技能目标

1.学会根据季节合理地进行穿衣、搭配,着装文明、整洁,能体现新时代大学生青春阳光的风貌。

2.学会规划一日三餐,在大学期间保证饮食的健康、平衡。

3.学会尽快融入集体生活,并能够尊重他人与自己不同的生活习惯和民族文化。

4.学会自觉抵制网络诱惑,并合理运用网络开阔视野,掌握更多的学习方法。

5.学会构建和睦的人际关系,能够适应大学生活的多样性和差异性。

素质目标

1.帮助每位学生学会面对与高中截然不同的生活和学习环境。

2.理解大学生活是需要奋斗的,并且知晓认真在大学学习和生活将在未来拥有更多的选择、更大的舞台、更广的视野。

20______年　　　　　　　　　　　　　　　　　　第______周

日　期	星　期	日程安排	
____月____日	一	课内	
		课外	
____月____日	二	课内	
		课外	
____月____日	三	课内	
		课外	
____月____日	四	课内	
		课外	
____月____日	五	课内	
		课外	
____月____日	六	课内	
		课外	
____月____日	日	课内	
		课外	

20______年　　　　　　　　　　　　　　　　　　第______周

日　期	星　期	日程安排	
____月____日	一	课内	
		课外	
____月____日	二	课内	
		课外	
____月____日	三	课内	
		课外	
____月____日	四	课内	
		课外	
____月____日	五	课内	
		课外	
____月____日	六	课内	
		课外	
____月____日	日	课内	
		课外	

20______年　　　　　　　　　　　　　　　　第______周

日　期	星　期		日程安排
____月____日	一	课内	
		课外	
____月____日	二	课内	
		课外	
____月____日	三	课内	
		课外	
____月____日	四	课内	
		课外	
____月____日	五	课内	
		课外	
____月____日	六	课内	
		课外	
____月____日	日	课内	
		课外	

20______年　　　　　　　　　　　　　　　　　　第______周

日　期	星　期	日程安排
____月____日	一	课内
		课外
____月____日	二	课内
		课外
____月____日	三	课内
		课外
____月____日	四	课内
		课外
____月____日	五	课内
		课外
____月____日	六	课内
		课外
____月____日	日	课内
		课外

任务一 穿衣

任务描述

学生应学会在各个季节进行合适的穿衣、搭配，找到自己的穿衣风格，同时注意自己的穿着是否适合大学生的身份。通过得体、合理的穿着凸显新时代大学生青春阳光的风貌。本任务包含1个工作表单：季节穿搭表。

任务实施

工作表单

请在下表写下最适合自己的大学四季穿搭（注意结合所学知识，并结合自身喜好，规划自己的四季着装），并提醒自己在对应季节按照表单内容进行穿衣、搭配。

春季	
夏季	
秋季	
冬季	

学习支持

一、四季着衣

春季，昼夜温差较大。不时有寒流侵袭，气温反复，需要细心感受天气的变化，适时添减衣物。如果过早地减少衣物，容易受凉感冒，应该根据气温变化及时改变着装，可准备方便穿脱的外套，不要着急减少衣物，防止风寒入体。

夏季，多伏汗。为了散发热量，穿着皆较为单薄。不过需要注意：无论多热都要文明着衣。如不能穿着背心、拖鞋、奇装异服等进入教学区域。建议女生最好穿短袖或无袖的连衣裙，也可以用短袖T恤搭配短裤。男生最好穿短袖T恤或衬衣，下身可以穿短裤。另外，轻薄质地的长裤也是不错的选择。

秋季，开始出现连续的阴雨天气，天气慢慢变冷，要注意逐渐添加衣物，但不宜加得过猛。适当“冻一冻”，可以促进毛孔的收缩，使皮肤逐渐适应低温，同时还能提高机体抵抗力，这样有助于适应冬天的严寒，但同样应注意不要受凉感冒。

冬季，俗话说“温足冻脑”。寒从脚下起，如果下肢受寒，容易引发各种疾病。防寒服、棉服、羽绒服和靴子、棉鞋等都是必备的，尽量让自己的身体保持暖暖和和的状态，让我们的身体在冬季不会出现问题，特别提醒各位同学晚上睡觉时也须注意防寒保暖。

二、着装文明，彰显青春风貌

作为高素质的大学生群体，穿着不仅能反映精神面貌，更能反映内在修养。大学生衣着打扮要体现出青春、阳光的风貌，朴素、大方、整洁，不穿奇装异服，不浓妆艳抹。

在一些特定场合，着装还应体现出自己的文化层次、道德水准、审美品位，比如在公共场合不穿拖鞋、睡衣、睡裤；面试等重要场合应着正装等。力求用文明得体的着装给校园增添靓丽的风景线。

任务评价

主题	内容	优秀	良好	一般	较差	很差
学习态度	能够认真阅读学习内容，完成对应任务目标	5	4	3	2	1
专业知识	掌握在各个季节如何进行合适的穿衣、搭配，文明着装	5	4	3	2	1
研讨精神	对不理解的知识产生疑问时，能够进行更深的研究，或积极与他人探讨	5	4	3	2	1
团队协作	能够很好地融入课堂，参与小组讨论，与小组成员共同推进学习进程	5	4	3	2	1
沟通交流	能够清晰准确地表达自己的观点，与他人交流时态度、语气恰当	5	4	3	2	1
人文素养	能够搭配适合大学生身份的着装，有意识地凸显大学生青春活力的精神面貌	5	4	3	2	1
信息素养	了解传统节气知识里蕴含的穿衣文化，主动了解与传统节气相关的传统文化知识	5	4	3	2	1
实践应用	在各个季节进行合适的穿衣搭配，找到自己的穿衣风格	5	4	3	2	1
自我小结						

任务二 饮食

任务描述

大学生在生活中要保持身体健康，最重要的就是时刻注意饮食，要防止“病从口入”，学会规划一日三餐，通过营养均衡的膳食保持身体的健康。本任务包含1个工作表单：喜爱的食物。

任务实施

工作表单

请写下自己最喜爱的5种菜品名称（注意结合本节所学内容，合理进行食物的营养搭配），同时总结出自己喜爱的本校食堂的菜品、小吃等。

请写下自己最喜爱的5种菜品名称					
请写出喜爱的学校食堂菜品、小吃					

学习支持

大学生是社会中最为活跃和富有朝气的群体，同时，大学生的身体还处于成长的阶段，营养需求较高，因此，合理的饮食至关重要。

一、保持规律的饮食习惯

从最基本、最重要的一日三餐的用餐时间来讲——早餐7:00左右，午餐12:00左右，晚餐18:00左右。根据人体消化系统运行规律，混合食物在胃中停留的时间通常为4~5小时，两餐的间隔时间为5小时左右是较为合理的，再结合中国人的饮食习惯，因此定出了“7—12—18”这个用餐时间。

二、多样化的饮食结构

大学生的饮食结构应该是多样化的，这样才能摄取不同的营养物质，比如足够的蛋白质、脂肪、碳水化合物、维生素和矿物质等。在饮食中，可以多吃一些富含蛋白质的食物，如肉、蛋、奶、豆类等；多吃富含维生素和矿物质的食物，如蔬菜、水果、坚果等；适当摄入一些富含脂肪的食物，如橄榄油、鱼油等；食物可提供身体一天需要的能量。

除了多样化的饮食结构，还要注意多补充水分，每天饮水1000~1500 mL对身体是非常有好处的。早晨起床后喝一杯温开水，有利于机体的代谢。

三、合理饮食，避免不卫生饮食

大学生在生活中，一日三餐要想吃得好、吃得饱、吃得放心，首选校园食堂，原因有3点：

（1）卫生有保障。面对庞大的学生群体，高校食堂对菜品质量会进行非常严格的把控，一般来说对每一个制作环节都会进行把控和监督。各个高校对食堂安全质量问题一直都非常重视，每道食材都会经过特殊的检验和处理工序。

（2）菜品价格实惠。高校的食堂大都是非常实惠的。

（3）种类多。高校的学子都来自全国不同的地方，成长环境和地理位置决定了其饮食习惯不同，难免在口味上会有所差异，比如有的同学喜爱吃面食，有的喜爱吃米饭。食堂的种类往往很齐全，以此迎合来自不同地区学生的口味。

图7-1 西湖餐厅

图7-2 龙湖餐厅

任务评价

主题	内容	优秀	良好	一般	较差	很差
学习态度	能够认真阅读学习内容，完成对应任务目标	5	4	3	2	1
专业知识	知道如何保持良好的饮食习惯	5	4	3	2	1
研讨精神	对不理解的知识产生疑问时能够进行更深入的研究，或积极与他人探讨	5	4	3	2	1
团队协作	能很好地融入课堂，参与小组讨论，与小组成员共同推进学习进程	5	4	3	2	1
沟通交流	能够清晰准确地表达自己的观点，与他人交流时态度、语气恰当	5	4	3	2	1
人文素养	学会合理安排膳食，减少点外卖、吃快餐的次数，注重每日三餐的营养搭配	5	4	3	2	1
信息素养	获取校内各个食堂准确的食物信息，通过校内媒体平台了解好吃的食堂食物	5	4	3	2	1
实践应用	能时刻注意饮食卫生，防止“病从口入”，学会规划健康卫生、营养均衡的一日三餐	5	4	3	2	1
自我小结						

任务三 住宿

任务描述

大学宿舍是一部充满青春气息的回忆录，宿舍生活在大学生活中占很大比重。而生活在同一个宿舍的大学生，可能来自不同的地方和民族。本任务力求帮助各位同学尽快融入大学集体生活，遵守宿舍规则，学会适应他人的生活习惯，包容并尊重他人的民族文化。本任务包含1个工作表单：违反宿舍规定表。

任务实施

工作表单

请列举五项违反宿舍规定的行为：

序号	内容
1	
2	
3	
4	
5	

学习支持

一、宿舍是我家

学生宿舍(公寓)一般为6人间或4人间,每个人有自己的床、书桌、衣柜。宿舍的公共设施有空调、电风扇、电灯、洗漱台等。建议一定要在入住前检查自己宿舍的各项设施是否能够正常使用,并携带好自己的生活用品。

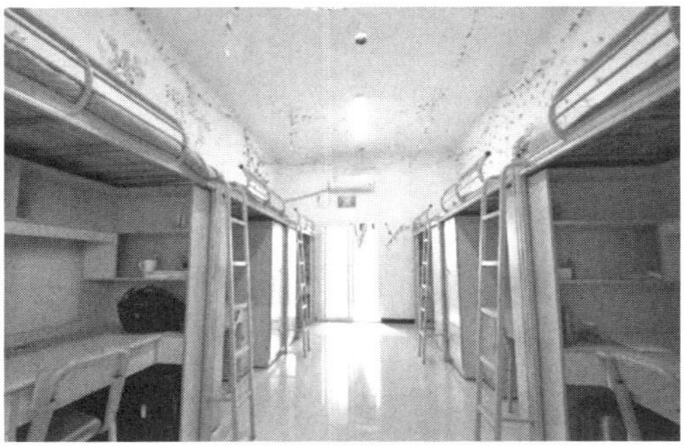

(内)

(外)

图7-3 学生宿舍

二、宿舍居住要点

宿舍是学生生活、休息的主要场所。为了给每位同学提供一个安全舒适、整齐美观、清洁卫生的生活环境,学校针对学生宿舍制定了相应的学生宿舍管理规定,各位同学要谨记和遵守相关规定。以下是为大家整理的4项注意要点:

(1)要爱护宿舍,维护集体荣誉,同学之间要互敬互帮,真诚相待。入住后要尽快确定每个宿舍的宿舍长,以便进行宿舍学习、生活任务等的布置和分配,保证宿舍生活的秩序井然,居住环境的干净整洁。

(2)要爱护宿舍的设施设备。不用脚踢门、不得砸玻璃,不撬门、撬锁,不准随意拆卸电器、损坏公共设施。清楚宿舍赔偿标准,在入住期间有任何公物损坏均应按照标准执行。

(3)注意保护自己的财产,离开宿舍前务必收好自己的现金和贵重物品,最后离开宿舍的同学应该关锁好门窗。若出现失窃或其他可疑问题,应第一时间保护现场,及时向学校反映。

(4)要高度重视消防安全,注意宿舍用电安全,严禁私拉、乱接电源,严禁将电线、插座、电脑等安装或放置在床铺等易燃物品上,严禁在宿舍内燃烧纸屑、杂物,禁止使用大功率电器。

任务评价

主题	内容	优秀	良好	一般	较差	很差
学习态度	能够认真阅读学习内容，完成对应任务目标	5	4	3	2	1
专业知识	掌握宿舍规范要求	5	4	3	2	1
研讨精神	对不理解的知识产生疑问时能够进行深入的研究，或积极与他人探讨	5	4	3	2	1
团队协作	能很好地融入课堂，参与小组讨论，与小组成员共同推进学习进程	5	4	3	2	1
沟通交流	能够清晰准确地表达自己的观点，与他人交流时态度、语气恰当	5	4	3	2	1
人文素养	与大学宿舍室友保持良好关系，文明住宿，宿舍成员间氛围和谐	5	4	3	2	1
信息素养	通过网络等媒体了解不同地区人们的生活习惯，能够包容和尊重他人的生活习惯和民族文化	5	4	3	2	1
实践应用	能掌握宿舍规范要求，快速融入集体生活	5	4	3	2	1
自我小结						

任务四 上网

任务描述

网络是当代大学生获取信息、与人交往、休闲娱乐的重要工具,网络能为学习、工作和生活带来极大便利。同时,网络也是一把双刃剑,一部分学生过度依赖、沉溺网络,许多不良现象也因此出现。本任务旨在帮助学生增强网络自律意识,自觉抵制网络诱惑,合理运用网络开阔视野,同时引导学生预防网络的侵害,让学生真正能够做到文明上网、健康上网、安全上网。本任务包含1个工作表单:合理使用网络。

任务实施

工作表单

请结合上文内容,制订出大学生活里合理使用网络的小规划,并坚持执行此规划(提示:规划用网目的、上网时间,合理分配,适度娱乐,健康学习)。

时间	目的

学习支持

对于大学生而言,要学习、生活、娱乐,网络是必不可少的,校园有较为浓厚的网络使用氛围,网络不仅可用于课余生活,也常用于日常上课、开会,还可用于线上集体活动。但网络在使得同学们生活更加便利的同时也存在弊端,以下是如何应对弊端的几点建议。

一、预防网络侵害，谨防网络电信诈骗

互联网在方便人们获取知识、了解社会、掌握技能、加强沟通和交流的同时，也会混杂着各种负面信息，给人的精神带来污染，使人的思想产生混乱。这些信息如果被高校学生接触，会对身心造成损害，影响身心的健康发展，所以，增强自控能力，加强对不良信息的防范，抵御网络的侵害尤为重要，以下是一些帮助预防网络侵害的方法。

（1）严格自律，使自己成为网络的主人。合理安排上网时间，在上网和工作、学习之间取得平衡。高效使用网络资源并使其真正地为工作、学习、生活带来便利，正确对待互联网上的娱乐资源。

（2）保持警觉，加强自我保护意识。网络上有许多色情网站、不良网络游戏链接、虚假信息、诈骗信息等，这些不良网站会携带病毒，用于盗取个人信息牟利，因此，要注意不要点击相关链接。

（3）不随意泄露身份信息。部分不法分子利用网络的虚拟性、匿名性，通过网络聊天、交友等手段"循循善诱"，套取个人隐私信息。因此，需要注意妥善保管自己的私人信息，如本人的证件号码、账号、密码等，不随意向他人透露，并尽量避免在网吧等公共场所的电脑上使用网上银行等相关电子服务。树立牢固的安全观念、常备警惕之心是各位同学预防网络诈骗的重要方式。

图7-4　国家网络安全宣传周

二、谨防电子产品依赖综合征

由于学习、社交、娱乐等，人们使用电脑和手机上网的时间越来越长。大学生长时间连续上网不仅使外出活动的时间变少，还容易引发很多身体问题，如长时间盯着手机或电脑屏幕会造成眼花、眼睛发干、头痛、视力下降。长时间保持一个姿势玩电脑或手机还会导致颈椎长时间处于紧张状态，进而导致颈椎病、腰肌劳损、腱鞘炎等。

为了有效预防以上情况的发生，以下有几点建议。

（1）注意劳逸结合。连续操作电脑一个小时以上，应暂停操作电脑，休息

5~6 min，休息时，多看看远处或闭目养神。

（2）注意养成良好的卫生习惯。电脑操作者不宜一边操作电脑一边吃东西，也不宜在操作电脑时就餐，否则易造成消化不良，严重的甚至会导致胃炎。如果接触电脑键盘人员较多，使用完毕应及时洗手以防止细菌、病毒等的感染。

任务评价

主题	内容	优秀	良好	一般	较差	很差
学习态度	能够认真阅读学习内容，完成对应任务目标	5	4	3	2	1
专业知识	能够自觉抵制网络诱惑，合理运用网络开阔视野	5	4	3	2	1
研讨精神	对不理解的知识产生疑问时能够进行更深入的研究，或积极与他人探讨	5	4	3	2	1
团队协作	能很好地融入课堂，参与小组讨论，与小组成员共同推进学习进程	5	4	3	2	1
沟通交流	能够清晰准确地表达自己的观点，与他人交流时态度语气恰当	5	4	3	2	1
人文素养	自觉遵守校园网络的使用规范，合理利用校园网络，了解并预防网络可能带来的各种危害	5	4	3	2	1
信息素养	了解不规范使用网络带来的危害，主动学习预防网络侵害、诈骗的方法	5	4	3	2	1
实践应用	能文明上网、健康上网、安全上网	5	4	3	2	1
自我小结						

任务五 学习

任务目标

大学与中学的学习方式有着明显的不同。掌握大学的学习方式，规划合理的学习方法，是大学生在进入大学之初的首要目标。通过本节内容的学习，学生应学会如何利用学校的教学楼、图书馆等教学资源，选择适合自己的学习场所，总结出自己的学习方法，完成学习任务，并注意在学习过程中维护好教学设备。本任务包含1个工作表单：本学期借阅计划。

任务实施

工作表单

请为自己定下一个小目标，本学期要在图书馆借阅多少本书籍，并做好相关的阅读计划（提示：可以依据读书进度按期写下读书笔记）。

图书名称	阅读计划	精读/泛读

学习支持

一、初识教学楼

踏进大学校园后，同学们印象最深的除了学生宿舍和食堂外，必然是学校的教学楼。一般来说，每所学校里都会有许多栋公共教学楼，里面有教师办公室和学生教室等。每一年都会出现大一新生跑错教学楼或教室的情况，因此，同学们在上课之前应该事先确认好教学楼上标注的名称以及教学楼所在的位置，以免上课迟到或进错教室。

需要注意的是，为了让教师授课时声音足够洪亮，且能够图文并茂，在投影上生动地呈现所讲的知识点和相关的材料，能够让所有同学都能听到教师所讲的内容，几乎所有教室都配备了相应的多媒体教学设备。每套多媒体设备都比较昂贵，需要大家共同爱护，不要故意损坏设备。

图 7-5　博学楼

图 7-6　知行楼

二、图书馆——学习胜地

除了日常上课的教学楼，大学生活中，学生必去的学习胜地，便是学校的图书馆。对每一个大学生来说，图书馆都有特别重要的意义。

高校图书馆具有丰富的藏书资源。学生在校期间，一定要利用大学的资源和时间多读书，同时，把泛读和精读相结合，多读好书，并且还要有意识地写心得体会、读书笔记，这样才能读到书中的精髓，拥有更丰富的知识。

图7-7　图书馆

三、操场——难忘的景色

在大学期间，一定记得多去操场逛逛，踏遍校园的每个角落。在阳光明媚、气候宜人的日子，躺在学校的操场上沐浴阳光，或每天到学校操场跑步等都是非常不错的。

图7-8　运动场

任务评价

主题	内容	优秀	良好	一般	较差	很差
学习态度	能够认真阅读学习内容，完成相应的任务目标	5	4	3	2	1
专业知识	掌握大学学习方法	5	4	3	2	1
研讨精神	对不理解的知识产生疑问时能够进行深入的研究，或积极与他人探讨	5	4	3	2	1
团队协作	能很好地融入课堂，参与小组讨论，与小组成员共同推进学习进程	5	4	3	2	1
沟通交流	能够清晰准确地表达自己的观点，与他人交流时态度、语气恰当	5	4	3	2	1
人文素养	学会合理安排大学时光，制订学习目标，合理参加文体娱等活动	5	4	3	2	1
信息素养	了解学校教学楼、图书馆等学习场所的位置，并主动进行学习	5	4	3	2	1
实践应用	充分利用学校学习资源进行学习，养成良好的学习习惯	5	4	3	2	1
自我小结						

任务六 娱乐

任务描述

大学生活中除了学习之外,必不可少课“娱”活动,大学生无论是与同学相约在运动场比拼,还是根据自己兴趣爱好,选择参与不同的校园文艺活动,都由自己决定。本任务能够帮助大家简单了解大学校园中的课“娱”方式,帮助学生找到并发展兴趣特长、提高社交和实践能力,丰富课余生活,让大学生活愈发缤纷多彩。本任务包含1个工作表单:社团、比赛计划。

任务实施

(1)请写下自己最想加入的社团名称,并付诸行动。

(2)请写下你最想参加的比赛类别,并为之努力,在大学期间至少完成一场该类别的比赛。

工作表单

社团、比赛计划

社团名称	工作计划
比赛名称	训练计划

学习支持

一、校园活动任挑选

高校会组织各具特色的校园活动，这些活动涵盖了学术科技、文化艺术、运动休闲、社会实践等各个方面，如征文比赛、校园歌手大赛、创业比赛等。只要想参加，就一定可以找到适合自己的活动。同学们通过校园活动上的精彩表现，充分展示自我，提升自身的综合素质。

二、球场任发挥

运动也是娱乐的一种，不仅愉悦身心，也会使人更加健康。各种运动都可以改善大学生的身体状况，如可以在塑胶跑道上慢跑、在绿茵场上踢足球、在篮球场上挥洒汗水，还可以打羽毛球、乒乓球、跳绳等。回到室内，还可以用瑜伽垫，在宿舍跟着视频教程一起舒展身体、美化形体。

三、社团任加入

社团是一群有着相同兴趣爱好的学生所组织起来的集体，加入学生社团的学生可以一起开展各种各样的活动，一方面可以提升自己在兴趣、爱好方面的技能，另一方面也可以加强自身与周围同学的沟通，提高自己的交际能力。

在社团里，还可以竞争社长、干事等职位，提高自己的综合素养，提高管理能力、沟通能力、解决问题能力等。同时，社团可以拓展见识，丰富自己的知识库。

任务评价

主题	内容	优秀	良好	一般	较差	很差
学习态度	能够认真阅读学习内容，完成任务目标	5	4	3	2	1
专业知识	找到并发展兴趣特长，提高社交和实践能力，丰富课余生活	5	4	3	2	1
研讨精神	对不理解的知识产生疑问时能够进行深入的研究，或积极与他人探讨	5	4	3	2	1
团队协作	能很好地融入课堂，参与小组讨论，与小组成员共同推进学习进程	5	4	3	2	1
沟通交流	能够清晰准确地表达自己的观点，与他人交流时态度、语气恰当	5	4	3	2	1
人文素养	通过加入各种学生会、学生社团充实校园生活，增长技能，提升综合素养	5	4	3	2	1
信息素养	增长自身技能，充分感受大学里缤纷多彩的文化、学习、生活	5	4	3	2	1
实践应用	找到并发展兴趣特长，提高社交和实践能力	5	4	3	2	1

自我小结

任务七　交往

任务描述

进入大学,有与来自不同地方、不同民族的人近距离接触的机会。本任务旨在帮助同学们学会如何构建和睦的人际关系、如何适应大学生活的多样性和差异性,以及如何提高社会交往能力。本任务包含1个工作表单:了解身边人。

任务实施

工作表单

如果你是一名大学新生,请记住你同宿舍的室友的姓名、习惯、爱好、生日、家乡;如果你是非大一新生,请尽可能记住班级里要好同学的姓名、习惯、爱好、生日、家乡等。

姓名	习惯	爱好	生日	家乡

学习支持

大学校园就像是一个小型社会，同学们在大学生活期间可能会碰到许多人际交往问题，如果想要在大学生活期间交到朋友、收获友谊，就需要注意以下几点交际原则。

（1）真诚待人。真诚是人与人之间交往与沟通的桥梁，只有以诚相待，交往双方才能建立信任感，并结成深厚的友谊。坚持真诚待人的原则，必须做到关心他人、真心帮助他人，不求回报，对朋友的不足和错误能诚恳地提出建议和批评。

（2）诚信待人。坚持信任原则，相互信任和真诚一样，是人际关系的基本原则。没有相互信任，就没有良好的人际关系。要与人做朋友，就要信任对方，并能用实际行动获得对方的信任。

（3）学会倾听。认真倾听别人说话是一种良好的待人态度，也是一种为人处世的艺术。这里的倾听不仅是用耳朵听，更重要的是要用眼睛观察，用脑思考，用心感受。

（4）宽容待人。作为新时代的大学生，在交往中不要斤斤计较，最好能够谦让、大度，在一定的原则上，不计较对方的态度、不计较对方的言辞，并勇于承担自己的责任，做到“宰相肚里能撑船”“他吵，你不吵；他凶，你不凶；他骂，你不骂”。只要胸怀宽广，宽容待人，生气、失态的一方就会自觉无趣。包容他人并不是软弱、怯懦的表现，相反，它是有度量的表现。

在大学的学习、生活中，要处理好人与人之间的关系。

任务评价

主题	内容	优秀	良好	一般	较差	很差
学习态度	能够认真阅读学习内容，完成任务目标	5	4	3	2	1
专业知识	知道人际交往的基本原则	5	4	3	2	1
研讨精神	对不理解的知识产生疑问时能够进行更深入的研究，或积极与他人探讨	5	4	3	2	1
团队协作	能很好地融入课堂，参与小组讨论，与小组成员共同推进学习进程	5	4	3	2	1
沟通交流	能够清晰准确地表达自己的观点，与他人交流时态度、语气恰当	5	4	3	2	1
人文素养	能够拓宽社交圈，广交益友，与朋友互帮互助，互补互进	5	4	3	2	1
信息素养	与同学交换信息，能获取同学对自身的评价	5	4	3	2	1
实践应用	根据人际交往原则，保持身边人际关系和谐	5	4	3	2	1
自我小结						

小结

通过学习衣、食、住、网、学、娱、交等方面知识，让学生加强文明着装意识，彰显新时代大学生青春阳光的精神风貌；在大学期间合理安排饮食，增强体质；学会尽快融入集体生活，能够了解、包容、尊重他人的生活习惯和民族文化；在使用网络时自觉抵制网络诱惑，并合理运用网络开阔视野；掌握学习方法，利用教学资源；学会如何构建和睦的人际关系，与他人和谐相处。

我的______月总结汇报

姓名________________　学号________________　班级________________

思想：

学习：

生活：

附 录

注："学生综合素质测评积分表"和"学生学年鉴定表"仅供读者参考，请以学校实际执行为准。

20______年　　　　　　　　　　第______周

日　期	星　期	日程安排	
____月____日	一	课内	
		课外	
____月____日	二	课内	
		课外	
____月____日	三	课内	
		课外	
____月____日	四	课内	
		课外	
____月____日	五	课内	
		课外	
____月____日	六	课内	
		课外	
____月____日	日	课内	
		课外	

20______年 第______周

日　期	星　期	日程安排	
____月____日	一	课内	
		课外	
____月____日	二	课内	
		课外	
____月____日	三	课内	
		课外	
____月____日	四	课内	
		课外	
____月____日	五	课内	
		课外	
____月____日	六	课内	
		课外	
____月____日	日	课内	
		课外	

20______年　　　　　　　　　　　　　　　　　　第______周

日　期	星　期	日程安排	
____月____日	一	课内	
		课外	
____月____日	二	课内	
		课外	
____月____日	三	课内	
		课外	
____月____日	四	课内	
		课外	
____月____日	五	课内	
		课外	
____月____日	六	课内	
		课外	
____月____日	日	课内	
		课外	

20______年　　　　第______周

日　期	星　期		日程安排
____月____日	一	课内	
		课外	
____月____日	二	课内	
		课外	
____月____日	三	课内	
		课外	
____月____日	四	课内	
		课外	
____月____日	五	课内	
		课外	
____月____日	六	课内	
		课外	
____月____日	日	课内	
		课外	

学生综合素质测评积分表(样例)

姓名		性别		学号		班级		学年		学期		评定日期	

综合测评成绩=德育素质测评总评分+智育素质测评总评分+文体素质测评总评分

德育素质测评	加分项目	1	积极奉献社会、服务他人，事迹突出，受到全国、市、校、院系表扬	15 / 10 / 5 / 2	合计	扣分项目	1	无故不参加政治学习、周末教育、班（团）组织生活；无故不参加升旗、早操、晨读、晚自习、其他规定要求参加的集体活动及无故不接受组织分配的任务者；迟到、早退	3分/次 / 2分/次 / 1分/次	合计
		2	获先进班、团支部荣誉称号（国家级、省级、校级、院级），表现突出者	12 / 7 / 3 / 1 / 2~10			2	病、事假酌情扣分	0~10	
		3	被评文明寝室（省级、校级、院系级），受校、院表扬	10 / 5 / 2 / 0.5 / 0.1			3	（1）院、校通报批评；（2）警告处分；（3）严重警告处分；（4）记过处分；（5）留校察看处分	2~5 / 10 / 20 / 30 / 40	
		4	（1）积极参加政治学习、周末教育、班（团）组织生活、升旗、晨读、晚自习等活动，出全勤；（2）其他情形	10 / 1~9			4	以学生宿管部门和院系通报为准，晚归寝室/次，夜不归寝/次	5 / 10	
		5	担任校、二级学院、班、寝室等各级各类学生干部满半年者，按其岗位和工作实绩加分	10 / 8 / 5~6 / 3 / 2			5	寝室脏、乱、差被学校通报批评的；被二级学院通报批评的	5 / 3	
		6	其他没有列举的德育素质表现优秀的	1~10			6	其他没有列举的学生德育素质表现较差的	1~10	
总评	{德育素质基本分60+加分［满分40分，超过40分的应进行折算，折算公式为德育素质加分=德育素质实际得分×（40÷同年级同专业德育素质实际得分最高分）］－扣分（最多扣60分）}×15%=_____分									

智育素质测评	学业科目	学业平均成绩=各学科成绩总和÷学科数	期末成绩	科目		成绩		科目		成绩		合计
				科目		成绩		科目		成绩		
				科目		成绩		科目		成绩		
				科目		成绩		科目		成绩		
				科目		成绩		科目		成绩		

智育素质测评	加分项目	1	在公开发行的期刊上发表学术论文，分为一般、核心、学科级，或者视获奖者名次	5 / 15 / 25 / 1~10	合计	加分项目	6	通过实用英语能力考试B级、A级者	5 / 8	合计
		2	公开发表非学术论文作品，分为国家级、省级、校级、院级报刊，或者视获奖者名次	5 / 2 / 1 / 0.5 / 0.5~2			7	通过国家或重庆市计算机等级考试一、二、三级者，计算机专业二、三级加；非计算机专业均加	计算机：5 / 10；非计算机：3 / 8 / 15	
		3	在国际、全国、省（区、市）、校非民间及社会团体（官方）组织的科技活动和竞赛中获奖	一等：20 / 12 / 8 / 6；二等：15 / 10 / 6 / 4；三等：10 / 6 / 4 / 2；优：8 / 5 / 3 / 1			8	获得会计、驾驶员、高级技工等职业资格证书，视等级加	5~15	
		4	在国际、全国、省（区、市）、校民间及社会团体组织的科技活动和竞赛中获奖	一等：10 / 6 / 4 / 3；二等：8 / 4 / 3 / 2；三等：6 / 3 / 2 / 1			9	参加创业、校企合作中的订单班、出国留学班、社会实践活动的，或者升学的	10~20	
		5	凡参加校、二级学院学生综合素质、专业技能的竞赛	1.5 / 1			10	其他未列举的智育素质表现优秀的	1~10	
总评	{学年各门课程平均成绩×60%+智育素质附加分［满分100分，超过100分的应进行折算，折算公式为智育素质附加分=智育素质附加实际得分×（100÷同年级同专业智育素质附加实际得分最高分）］}×10%=_____分									

文体素质测评	加分项目	1	参加各类体育比赛，酌情加1~5分；获得前六名者，国家级加16~26分、省级加8~18分、校级加2~10分；破纪录者加倍记分	1~5；26 / 24 / 22 / 20 / 18 / 16；18 / 16 / 14 / 12 / 10 / 8；10 / 8 / 7 / 6 / 5 / 4 / 3 / 2；合计	加分项目	5	参加文艺比赛酌情加1~5分；获得三等奖以上者，国家级加16~26分；省级加8~18分；校级加2~10分；院级加1~3分。参加学生团体组织的活动及获奖者，酌情加0.5~2分；	1~5；26 / 20 / 16；18 / 12 / 8；10 / 5 / 2；3 / 2 / 1；0.5~2	合计
		2	参加青年志愿活动，按考核情况给予2分的加分，组织者加4分；参加无偿献血活动，报名而未通过验血者加1分，献血者加3分；参加业余党校学习，考核合格者，加2分	2 / 4 / 1 / 3 / 2；合计		6	其他未列举的文体素质表现较好的，由各院系学生综合素质测评领导小组研究决定	0.5~5	
		3	为院系以上文体比赛服务酌情加分，学生干部、在其职责范围内的不加分	0.5~2；合计	扣分项目	1	（1）凡校要求参加的文体活动等不参加的，每次扣2分；（2）体育测试未达标的扣5分，不参加达标测试的扣10分；（3）其他未列举的文体素质表现较差者，酌情扣0.5~5分 （注：扣分不超过60分）	2分/次；5 / 10；0.5~5	
		4	凡体育测试达标者	3；合计					
总评	{文体素质基本分60分+加分［满分40分，超过40分的应进行折算，折算公式为文体素质加分=文体素质实际得分×（40÷同年级同专业文体素质实际得分最高分）］-扣分}×15%=_____分								

综合测评成绩：　　　该生名次：　　　辅导员（班主任）签章：　　　院系签章：　　　校团委签章：　　　学生处签章：

学生学年鉴定表(样例)

20____年—20____年

<table>
<tr><td rowspan="2">姓名</td><td>现 名</td><td></td><td>性别</td><td></td><td>民族</td><td></td><td rowspan="4">(贴相片)</td></tr>
<tr><td>曾用名</td><td></td><td>出生年月日</td><td colspan="3"></td></tr>
<tr><td colspan="2">籍 贯</td><td></td><td>学 历</td><td colspan="3"></td></tr>
<tr><td colspan="2">政 治 面 貌</td><td></td><td>爱 好 特 长</td><td colspan="3"></td></tr>
<tr><td colspan="2">出 生 地</td><td colspan="6"></td></tr>
<tr><td colspan="2">现在家庭住址</td><td colspan="6"></td></tr>
<tr><td colspan="2">何时何地何人
介绍参加中国
共产党、共青团</td><td colspan="3"></td><td colspan="3">身体健康状况</td></tr>
<tr><td colspan="2">何时何地何因
受过何种奖励
或处分</td><td colspan="6"></td></tr>
<tr><td colspan="8">本人学历及社会经历</td></tr>
</table>

自何年何月起 至何年何月止	在何地、何校(或单位) 学习(或任职)	证明人现在何处

院系:______________________　　　　专业:______________________

<table>
<tr><td colspan="2">自我鉴定

本人签名：
年　　月　　日</td></tr>
<tr><td>班级鉴定</td><td>辅导员签名：
年　　月　　日</td></tr>
<tr><td>院系意见</td><td>负责人签名：　　　　公 章
年　　月　　日</td></tr>
</table>

我的______月总结汇报

姓名______________ 学号______________ 班级______________

思想：

学习：

生活：